Andrea & Harald Hesse

Fünfseenland

Radeln für die Seele

15 Wohlfühltouren

AF626365

Droste Verlag

ALLE TOUREN AUF EINEN BLICK

Glockensteg Roseninsel

Liebe Wohlfühlradler,

das Fünfseenland ist ein Radlerparadies, wie es im Buche steht. Vor der imposanten Kulisse der Bayerischen Alpen, knapp 20 Kilometer südlich von München, liegt es rund um den Ammersee, Starnberger See, Wörthsee, Pilsensee und Weßlinger See. Wir haben die Sattelprobe gemacht und waren auf unseren 15 Wohlfühltouren rund 400 Kilometer kreuz und quer durch diese Landschaft unterwegs. Dabei haben uns die Etappen immer wieder durch reizvolle Naturschutzgebiete geführt, die seltenen Tieren und Pflanzen sicheren Lebensraum bieten. Und durch Moorlandschaften, die Naturjuwele erster Güte sind. Malerische Uferwege mit idyllischen Strandbädern und ellenlangen Badestegen säumten ebenso unsere Wege wie die Flusstäler von Ammer, Rott, Amper und Würm. On the road erlebten wir weitläufige Mooswiesen, saftige Weiden, dichte Wälder, barocke Kirchen und verlockende Hofläden, einer sogar mit eigener Hofkäserei. Und am Rand der Erlinger Flur begegneten wir Kloster Andechs und seinem „Heiligen Berg“. Natürlich haben wir bei so viel Seelenkost auch das Leibeswohl nicht vergessen und ansprechende Einkehrmöglichkeiten empfohlen. Ist doch klar: Wer radelt, muss auch essen!
In diesem Sinne: Gute Fahrt!

Andrea & Harald Hesse 

NATUR-INFO

KULTUR-INFO

TOUREN-/EVENT-INFO

GENUSS-INFO

- 28 Kilometer
- 50 Höhenmeter
- 3,5 Stunden
- Rundtour

Kiosk in Herrsching am Ammersee

Drei-Seen-Runde

Am Ammer-, Wörth- und Pilsensee

Gleich drei Seen bilden die Kulisse dieser entspannten Tour, die an der Seestraße in Schondorf am Westufer des Ammersees startet. Doch bevor wir in die Pedale treten, statten wir der Uferpromenade einen Besuch ab und genießen das Panorama. Der See ist spiegelglatt, einige Boote liegen vor Anker, andere ziehen unter Segeln ihre Kreise. Auf der anderen Seite, am Ostufer, erkennen wir einen Höhenzug, den ein Zwiebelturm überragt: Die Wallfahrtskirche von Kloster Andechs, die auf das Jahr 1423 zurückgeht. Unmittelbar vor uns hat sich ein Blesshuhnpaar auf einer Handvoll aus dem Wasser ragender Steine ein Nest gebaut. Die Brut ist geschlüpft und kiekst erregt, sobald sich ein Elternteil mit Futternachschub nähert.

Ecke Bahnhof- und Seestraße sind zwei Einkehrmöglichkeiten: das **Wirtshaus Seepost** ❶ mit Biergarten unter Kastanien und das **Wirtshaus am Steg** ❷ mit schmaler Sonnenterrasse. Beide Lokale rahmen die etwas erhöht liegende **Filialkirche St. Jakobus** ❸: Apsis und Langschiff aus Tuffstein sind unverputzt und etwa 1150 gebaut, der Turmaufsatz mit Zwiebelhaube folgte rund 600 Jahre später.

*Die romanische **Kirche St. Jakobus** stammt mutmaßlich aus dem Jahr 1150. Sie zählt zu den bedeutendsten Kleinkirchen des Hochmittelalters in Südbayern. Der barocke Dachreiter (Turm) mit der typischen Zwiebelhaube stammt aus dem 18. Jahrhundert.*

Genug gesehen, auf geht's: zunächst über die **Seestraße,** die nach einer Linkskurve in die leicht ansteigende **An der Point** übergeht. Nach wenigen Metern biegen wir nach rechts in den **Weingartenweg** ein, der uns durch das Wäldchen Weingarten bringt. Vom Weg abzukommen ist kaum möglich, da uns Radwegweiser (grünes Fahrrad und grüner Richtungspfeil auf weißem Grund) sicher begleiten. Der befestigte Waldweg

Skulptur Mutter mit Zwillingen von Gombarklass

Für die Seele

Ammersee, Wörthsee und Pilsensee entzücken mit Bade- und Einkehrmöglichkeiten, Ampermoos und Herrschinger Moos beglücken mit Flora, Fauna und Weite.

verläuft im Wechsel von Auf und Ab zunächst in Ufernähe, später mit einigem Abstand zum See. Unterwegs passieren wir in regelmäßigen Abständen Sitzbänke mit schönen Ausblicken und – überraschenderweise – einigen faszinierenden Skulpturen. Sie stehen zwischen Bäumen, hinter Büschen oder hängen in luftiger Höhe wie das „Luftboot". Es handelt sich um Überbleibsel des einstigen Schondorfer Kunstpfads, dessen Projektförderung Ende 2019 auslief und der ursprünglich wesentlich mehr Objekte umfasste. Da nicht jede Skulptur auf Anhieb sichtbar ist, schalten wir einen Gang herunter, um sie ohne gefährliche Schnellbremsungen rechts und links des Wegs bewundern zu können.

Mit Verlassen des Waldes geht der Weingartenweg in die asphaltierte **Kaagangerstraße** über, die den Beginn der Gemeinde **Eching** markiert. Rund 900 Meter weiter treffen wir auf das **Strandhaus Ammersee** ❹ (nur bei schönem Wetter geöffnet) – Kiosk und Restaurant mit schöner Seeterrasse nebst Liegewiese und Bademöglichkeit. Die Anlage, die eine tolle Weitsicht über den Ammersee bis zu den Alpen am Horizont bietet, wirkt so einladend, dass wir auf einen Espresso einkehren. Den genießen wir in einem der heimelig anmutenden Strandkörbe – sie sind Marke Eigenbau, wie uns der Strandhausbetreiber auf Nachfrage stolz erzählt.

Koffeingestärkt schwingen wir uns wieder auf die Räder und folgen der Kaagangerstraße bis zum Echinger Kreisverkehr. Dort fahren wir rechts auf den Radweg, der die **Staatsstraße 2070** begleitet, neben der wiederum die Autobahn München–Lindau (A 96) verläuft.

*Zwischen Stegen und Grafrath liegt das **Ampermoos,** ein Feuchtgebiet von internationalem Rang und eines der größten noch bestehenden Flusstal-Niedermoore Deutschlands. Das Naturschutzgebiet ist wichtiger Brutplatz, 300 seltene Vogelarten kommen hier vor.*

Nicht gerade schön, aber machbar. Knapp 1 Kilometer später überqueren wir eine Brücke, die über die Amper führt. Am Ende der Brücke halten wir uns scharf rechts und unterqueren sie – hier haben wir einen schönen Blick auf die Amper, die an dieser Stelle den Ammersee verlässt, um schließlich nordöstlich von Freising bei Moosburg in die Isar zu münden. Sodann radeln wir ein kurzes Stück neben der A96 entlang. Nach rund 600 Metern haben wir unser Zwischenziel erreicht: das **Ampermoos ⑤.**

Das Naturschutzgebiet beheimatet nicht nur seltene Pflanzen, es ist auch ein bedeutendes Wiesenbrütergebiet, weshalb es vom 1. März bis 15. Juli nicht betreten werden darf. Mit etwas Glück bekommt man einen durchs Gras stakenden Brachvogel zu Gesicht, der an dem langen, schmalen, abwärts gebogenen Schnabel zu erkennen ist. Auch die langschnäbelige Bekassine, der Kiebitz mit seiner zweizipfligen Haube, Silber- und Graureiher, Eisvögel und sogar ein Fischadler wurden im Ampermoos beobachtet.

Nach einigen Minuten machen wir kehrt und radeln auf demselben Weg zurück, unter der Brücke hindurch. Unmittelbar bevor wir wieder die Staatsstraße

Einfahrt Strandhaus Ammersee

Boote an der Seepromenade

erreichen, halten wir uns rechts, passieren einen Minigolfplatz und erreichen auf der **Landsberger Straße** den Weiler **Stegen,** einen Ortsteil von Inning am Ammersee und Heimathafen der auf dem Ammersee verkehrenden Flotte der Bayerischen Seenschifffahrt. In Stegen bitten gleich mehrere Lokale zu Tisch, darunter das trendige **Fischer am Ammersee 6,** ein Restaurant mit Holzterrassen direkt am See mit Alpenblick und feiner Strandbar. Gegenüber befindet sich die **Eismacherei 7,** deren Eis nicht nur verlockend aussieht, sondern auch sehr gut schmeckt. Und neben der Strandbar liegt das traditionell-rustikale **Seehaus Schreyegg 8** samt Seebiergarten.

Nach 300 Metern biegen wir rechts auf die Uferpromenade ab, die den **Badeplatz Inning-Stegen** durchquert. Unser Badezeug lassen wir stecken, weil noch einige Streckenkilometer und weitere Badestellen vor uns liegen.

Wir halten uns in Ufernähe, bis der Radweg an einer Wegsperre endet. Dort folgen wir dem Wegweiser Richtung **Herrsching/Ammersee** und **Buch a. Ammersee** die recht steile **Bergstraße** hinauf. Sportliche 400 Meter und zwei, drei Verschnaufpausen später erreichen wir den Hügelkamm. Dort biegen wir links in die **Schornstraße,** die uns am Sportgelände des **Tennisclubs Inning** vorbei zur viel befahrenen Herrschinger Straße hinunterführt. Diese überqueren wir, dem Radwegweiser folgend, in die schmale Straße **Obere Mühle.** Am zweiten Abzweig (der erste ist eine Hofeinfahrt) biegen wir rechts in einen Feld-/Wirtschaftsweg ein. Der Wegweiser schickt uns Richtung **Bachern** und **Erholungsgebiet Oberndorf.** Nach rund 800 Metern passieren wir eine schmale Holzbrücke, die den Inninger Bach quert – dieser hatte uns zuvor schon ein wenig begleitet. Kurz darauf schwenken wir links in den **Bachener Weg** (mitunter auch **Zambo-Weg** genannt) ein. Er bringt uns unter Schatten spendenden Laubbäumen hindurch zur **Fischerstraße,** in die wir rechts einbiegen. Ein wenig später passieren wir das Hotel Mutz, das sich an eine Rechtskurve schmiegt. Gegenüber, zu unserer Linken, sehen wir viele Boote an Land und im Wasser liegen: Das ist der kleine, aber feine **Wörthsee-Hafen ⑨.**

Biergarten Fischer am Ammersee

Nur 500 Meter weiter verlassen wir die Fischerstraße nach links in die **Aitelstraße,** ein Straßenschild weist sie als Sackgasse aus – davon ausgenommen sind Radfahrer und Fußgänger. Die Aitelstraße geht an ihrem Ende in einen Waldweg über, der uns an einer Schranke vorbei ins **Erholungsgebiet Oberndorf** ⑩ bringt. Wir fahren durch die Badezone am Ufer des Wörthsees mit ihrer riesigen Liegewiese, wo selbst bei herrlichstem Wetter und großem Besucheransturm keine Handtuchplatznot zu befürchten ist.

Am Ende des Erholungsgebiets treffen wir auf die **Wörthseestraße,** auf der wir nach links Richtung Hechendorf weiterradeln – zunächst ein kurzes Stück auf der Straße, dann auf dem sie begleitenden Radweg. Am Ende eines Siedlungsgebiets biegen wir links in eine Straße ab, die wiederum Wörthseestraße heißt, und folgen ihr bis zur beschilderten Zufahrt des **Gasthofs Woerl.** Hier nehmen wir rechts einen (anfänglich steil ansteigenden) Waldweg, auf dem wir schließlich die **Inninger Straße** erreichen. Wir halten uns links Richtung **Hechendorf** und fahren in den Ort hinein. Kurz nach einer Bahnunterführung schwenken wir rechts in die **Seestraße** (Einbahnstraße/Radverkehr frei) ein, der wir nun gut 3 Kilometer durch ein Wohngebiet folgen – es versperrt uns den freien Blick auf den 2,5 Kilometer langen Pilsensee fast komplett. Freien Zugang zum Wasser gewährt allein das **Strandbad Pilsensee** ⑪, das wir nach 1 Kilometer erreichen. Es ist wohl die schönste von insgesamt vier Badestellen an diesem See, die einzige auf der Westseite. Badesteg, Liegewiese, Liegestühle und Toiletten sind vorhanden, dazu ein Kiosk, dessen Angebot auch vegetarische und vegane Speisen umfasst.

Am Ende der asphaltierten Seestraße verjüngt sich der Weg – nun mit Schotterbelag – zum reinen Rad- und Fußgängerweg, der neben dem Bahndamm der S 8 (Herrsching–München) verläuft und uns nach 2,5 Kilometern nach Herrsching am Ammersee brin-

*Das **Erholungsgebiet Oberndorf,** der größte Badeplatz im Fünfseenland, glänzt durch eine sehr großzügige Liegewiese mit Kiosk und vielen Schatten spendenden Bäumen. Drei weit in den See hinausragende Holzstege verführen zum ausgelassenen Sonnen- und Wasserbaden.*

gen wird. Links der Strecke befindet sich das **Herrschinger Moos ⑫,** seit 1982 Naturschutzgebiet und Lebensraum seltener Vögel und Pflanzen.

In **Herrsching** überqueren wir den beschrankten Bahnübergang der **Rieder Straße** und biegen nach den Schienen sofort links in den **Stürmerweg,** an dessen Ende wir rechts auf die **Baderstraße** und geradeaus über die Madeleine-Ruoff-Straße hinweg zur **Uferpromenade** gelangen. Dort halten wir uns links, passieren den Kurpark mit dem malerischen **Kurparkschlösschen ⑬** und erreichen nach einer absoluten Radlzeit von 2 Stunden den **Landesteg Herrsching.**

Von hier setzen wir mit der MS Utting nach Utting über. Bis zum Ablegen schlendern wir die vielleicht längste Uferpromenade Bayerns entlang, die viele Einkehrmöglichkeiten bietet. Wir entscheiden uns für **Matos Fischladen ⑭** und wählen einen gemischten Fischteller an Seegrassalat, dazu ein Natur-Radler – köstlich.

Strandbad Pilsensee

Das Schiff legt pünktlich ab. Während der Überfahrt genießen wir den Fahrtwind und einen herrlichen Ausblick über den See bis zu den Alpen.

In **Utting** verlassen wir das Schiff und biegen rechts auf die **Seestraße.** Sie geht über in die Straße **Im Freizeitglände,** dann befinden wir uns auf dem **Uferweg,** der schließlich in Schondorf wieder zur **Seestraße** werden wird. Auf unserem Weg passieren wir das **Strandbad Utting** mit seinem markanten Sprungturm, dann den **Biergarten Alte Villa** und den **Campingplatz** auf dem **Uttinger Freizeitgelände.** Wir bleiben ständig in Ufernähe, zwischen dem Blätter- und Heckenvorhang zeigt sich immer wieder der See, und gelangen nach etwa 4 Kilometern zurück an unseren Ausgangspunkt.

Matos Fischladen

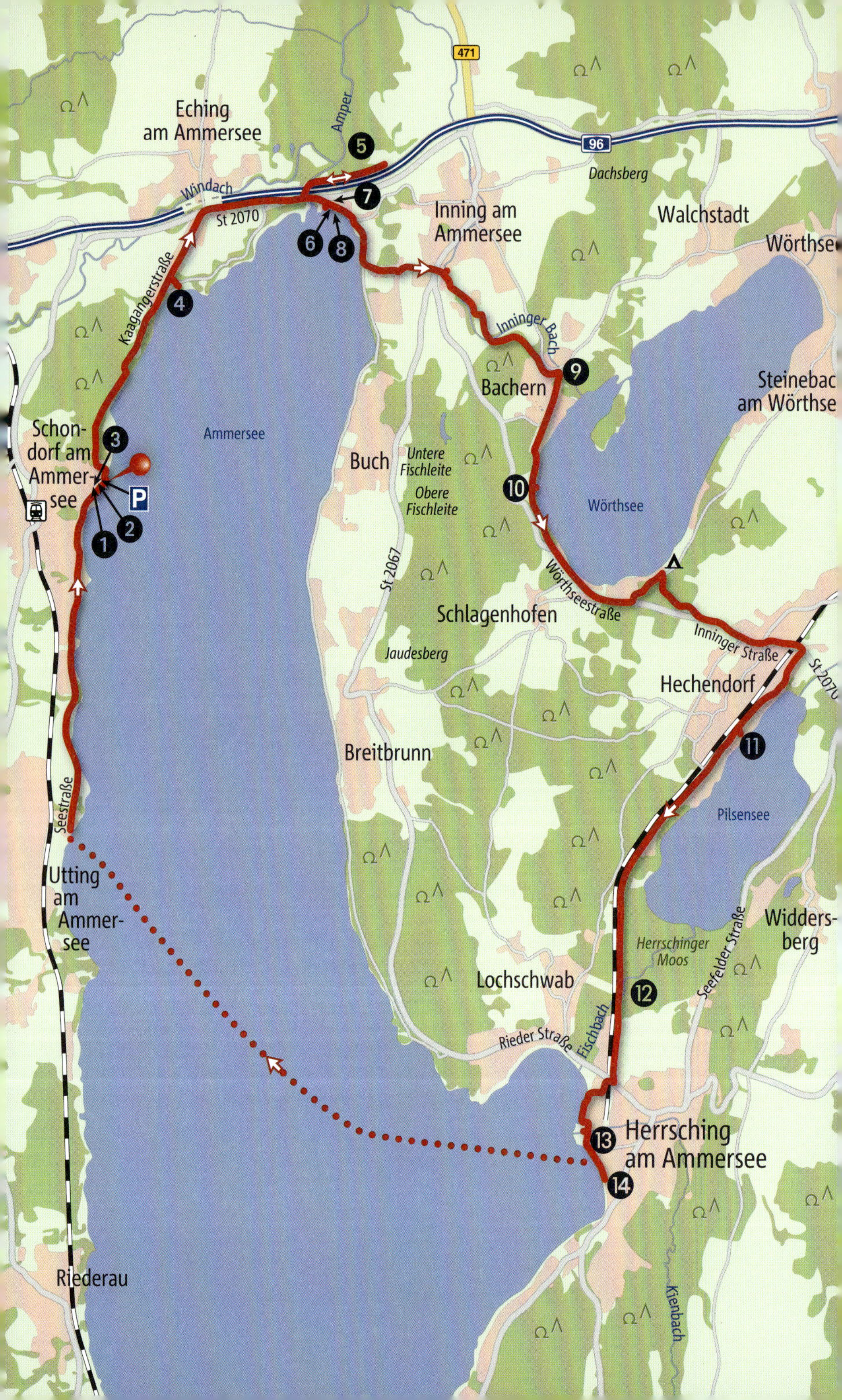

471
96
Eching am Ammersee
Amper
Windach
St 2070
Dachsberg
Inning am Ammersee
Walchstadt
Wörthse
Kaagangerstraße
Inninger Bach
Bachern
Steinebac am Wörthse
Schondorf am Ammersee
Ammersee
Buch
Untere Fischleite
Obere Fischleite
Wörthsee
St 2067
Wörthseestraße
Schlagenhofen
Inninger Straße
Jaudesberg
Hechendorf
St 2070
Breitbrunn
Pilsensee
Seestraße
Utting am Ammersee
Herrschinger Moos
Seefelder Straße
Widdersberg
Lochschwab
Rieder Straße
Fischbach
Herrsching am Ammersee
Riederau
Kienbach

Alles auf einen Blick

Entspannung ★★★★☆
Genuss ★★★★★
Romantik ★★★★☆

WIE & WANN:
Asphaltierte Straßen und Radwege, Schotter- und Waldwege sowie Uferpromenaden; am besten April bis Oktober sowie an trockenen Tagen in der kalten Jahreszeit; für Überquerung des Ammersees mit dem Schiff den aktuellen Fahrplan beachten: www.seenschifffahrt.de/de/ammersee.

HIN & WEG:
Auto: Parken an Seestraße (4 Std. mit Parkscheibe) (GPS: 48.053169, 11.101275)
ÖPNV: RB 67 bis Bahnhof Schondorf (Bay); mit dem Rad über Bahnhofstraße zur Seestraße

ESSEN & ENTSPANNEN:
Wirtshaus Seepost ❶ Bahnhofstraße 2, 86938 Schondorf am Ammersee, Tel. (0 81 92) 93 37 53, www.wirtshaus-seepost.de
Wirtshaus am Steg ❷ St.-Jakobs-Bergerl 2, 86938 Schondorf am Ammersee, Tel. (0 81 92) 93 48 21, www.wangerbaur.de
Strandhaus Ammersee ❹ Erholungsgebiet 1, 82279 Eching am Ammersee, Tel. (0 81 43) 3 66 92 56, www.strandhaus-ammersee.de
Restaurant Fischer am Ammersee ❻ Landsberger Straße 80, 82266 Inning am Ammersee, Tel. (0 81 43) 99 28 00, www.fischer-ammersee.com
Eismacherei ❼ Landsberger Straße 80, 82266 Inning am Ammersee, Tel. (0 81 43) 9 92 80 14, www.fischer-ammersee.com
Seehaus Schreyegg ❽ Landsberger Straße 78, 82266 Inning am Ammersee, Tel. (0 81 43) 99 25 37, www.seehaus-schreyegg.com
Matos Fischladen ⓮ Summerstraße 22, 82211 Herrsching am Ammersee, Tel. (0 81 52) 13 75

ENTDECKEN & ERLEBEN:
Filialkirche St. Jakobus ❸ **Ampermoos** ❺ **Wörthsee-Hafen** ❾ **Erholungsgebiet Oberndorf** ❿ **Strandbad Pilsensee** ⓫ Seestraße 68, 82229 Seefeld, www.seefeld.de **Herrschinger Moos** ⓬ **Kurparkschlösschen Herrsching** ⓭ Scheuermannstraße 3, 82211 Herrsching am Ammersee

- 36 Kilometer
- 300 Höhenmeter
- 3 Stunden
- Rundtour

Storchennest Raisting

Störche und Eiben

Durch die Täler von Ammer und Rott

Raisting ist ein kleiner, ruhiger Ort 5 Kilometer südlich des Ammersees. Größere Bekanntheit erlangte er regional als Storchendorf mit über 25 Nestern und international als Erdfunkstelle mit riesigen Parabolantennen.

Davon können wir uns während der Tour, die uns entspannt durch die beiden Täler von Ammer und Rott führt, ein eigenes Bild machen. Wir verlassen den **Bahnhofsplatz** über die **Pähler Straße,** von der wir nach etwa 500 Metern links in den **Mitterweg** abbiegen, eine schmale, von Wiesen und Feldern flankierte Straße. Und sofort sehen wir die erste Satellitenschüssel, schnell folgen weitere überdimensionale Parabolspiegel. Dazwischen, winzig klein, liegt die einstige Wallfahrtskirche St. Johannes mit ihrem Zwiebelhaubenturm. Die Proportionen sind hier aus dem Ruder gelaufen: Im Vergleich zu den Erdfunkschalen wirkt die Umgebung wie eine Welt im Miniaturformat. Am südlichen Horizont verläuft das majestätisch anmutende Alpenband. Der Anblick ist phänomenal, wie muss er erst bei Föhn sein, wenn die Berge wegen extrem klarer Sicht zum Greifen nah scheinen. Das Panorama ist fesselnd, wir saugen es in uns auf.

Nach Minuten des stillen Staunens schwingen wir uns aufs Rad und nehmen Kurs auf die 1428 (!) errichtete **Kirche St. Johannes ❶.** Wir fahren auf Sicht, die Straßen sind hier namenlos, einmal links, dann wieder rechts – und schon stehen wir vor dem denkmalgeschützten Gotteshaus. Die Besichtigung fällt aus, die Tür ist verschlossen. Wir verlassen den Platz leicht bergab gen Süden. An der folgenden T-Einmündung

*Das **Pfarrdorf Raisting** mutiert zwischen April und August zum Storchendorf. Seit 2004 nistet dort immer wieder eine Storchenkolonie. 18 Brutplätze waren es 2020, ab Mai kamen 50 „Übersommerer" dazu. Die Feuchtwiesen in der Umgebung bieten reichlich Nahrung.*

biegen wir links ab und radeln auf einem Schotterweg bis zum Bahndamm. Dort folgen wir dem Wegweiser rechts auf die asphaltierte **Alte Pähler Straße** in Richtung **Weilheim** und **Wielenbach.** Auf der Länge von einem Kilometer, linker Hand von den Gleisen begleitet, erfreuen wir uns an den **Oberen und Unteren Filzen** ❷ zu unserer Rechten. Die immensen Streuwiesen sind nur punktuell verbuscht und gelegentlich von kleinen Baumgruppen oder Solitären durchsetzt. Dahinter grüßen in der Ferne die Berge.

In einer Rechtskurve nehmen wir Abschied von der Bahnstrecke und treffen 500 Meter weiter auf eine Stichstraße, die uns links auf einer Brücke über die Ammer zur **Raistinger Straße** führt. Nach weiteren 300 Metern biegen wir rechts, dem entsprechenden Wegweiser folgend, auf den **Ammerdamm** ein. Auf den nächsten 4,5 Kilometern bleiben wir dem sanft geschwungenen Flusslauf treu und erreichen **Weilheim.** An der Ammerbrücke überqueren wir an der Ampel-

Für die Seele

Südlich des Ammersees erleben wir eine Welt im Minaturformat, malerische Landschaften, imposante Weitblicke, die „gute Stube" Weilheims und einen Eibenwald.

anlage die Schützenstraße, die hier in die Wessobrunner Straße (rechts) übergeht, und fahren die **Lohgasse** entlang bis zur Stadtmauer an der Straße **Unterer Graben** (ein möglicher Einstiegspunkt für Radler, die von München mit der Bahn anreisen). Wir schieben die Räder geradeaus und gelangen durchs Stadttor in die sehr schmale **Cavaliergasse,** an deren Ende wir rechts durch die Fußgängerzone **(Schmiedstraße)** den **Weilheimer Marienplatz** ③ erreichen.

*Der **Weilheimer Marienplatz** ist das pulsierende Herz der Stadt. Um die Mariensäule, den Vierjahreszeiten-Brunnen und das 1882 gegründete Stadtmuseum herum drängen sich Cafés, Restaurants und Fachgeschäfte, die zum Bummeln und Verweilen verführen.*

Warum er von den Einheimischen liebevoll „Weilheims gute Stube" genannt wird, ist offensichtlich: Vor der Kulisse bunter Häuserfassaden locken Cafés, Eisdielen und Restaurants. An Schönwettertagen verwandelt sich der Platz in eine große Sonnenterrasse, auf der Genussmenschen unter blauen und orangefarbenen Sonnenschirmen Speis und Trank und das Leben genießen. Wir umkreisen die **Mariä-Himmelfahrt-Kirche,** die zu den größten Sakralbauten im Pfaffenwinkel zählt, und lassen uns am Kirchplatz im schnuckeligen **Café Rosalie** ④ mit einem köstlichen Kuchen verwöhnen. Dazu ein aromatischer Espresso – was wollen wir mehr? – Weiterfahren.

Trecker und Tracht

An Kirche und Stadtmuseum vorbei verlassen wir den Marienplatz über die **Kreuzgasse.** Nach dem Torbogen überqueren wir die Straße Unterer Graben und fahren geradeaus die **Fischergasse** entlang. An deren Ende biegen wir erst links in die **Türlmühlstraße,** dann rechts in den **Badeweg** ein. Der führt uns schnurgerade durch eine Bahnunterführung (Radfahrer absteigen!) und eine sich anschließende Kastanienallee zu einer schmalen Fußgängerbrücke, über die wir unsere Räder erneut schieben.

Nach der Brücke halten wir uns links und folgen dem Wegweiser Richtung **Oderding.** Am Westufer der Ammer radeln wir den Damm entlang, neben dem das Flüsschen durch die sehenswerte Landschaft mäandert. Immer wieder erlaubt dieser Streckenabschnitt

Rastplatz Ammerdamm

Altbau im Kirchdorf Oderding

Torbogen Weilheim

malerische Weitblicke, die bis zu den Ammergauer Bergen reichen. Nach etwa einem Drittel der Strecke bis Oderding wird eine Eisenbahnbrücke unterquert, und kurz bevor wir in das Kirchdorf einfahren, bringt uns ein Brückchen über den Dorfbach, neben dem ein blumenverziertes, 3 Meter hohes Wegkreuz aufragt. Im Ort, der einen bäuerlichen Charakter hat (obwohl immer weniger Bewohner von der Landwirtschaft leben), biegen wir rechts in die **Unterdorfstraße** (Wegweiser Richtung **Wessobrunn**), die uns aus Oderding hinausführt. Auf der zunächst leicht ansteigenden, nach einem Bahnübergang sportlich anziehenden Asphaltstraße erreichen wir eine von Wiesen umgebene Kuppe. Wir verschnaufen auf einer von dichten Laubkronen überschatteten Ruhebank kurz und genießen den schönen Ausblick. Die angenehme Stille wird lediglich von den Rufen eines in der Höhe kreisenden Greifvogels unterbrochen, die ein wenig wie das Miauen einer Katze klingen.

*Der **Paterzeller Eibenwald** zählt zu den ältesten Naturschutzgebieten in Deutschland. Nirgendwo sonst wachsen so viele Eiben wie hier: rund 2000 Alteiben mit bis zu 1000 Jahren. Auf dem Eibenpfad-Rundweg erfährt man alles über den geheimnisvollen Baum.*

Wieder im Sattel, treffen wir schon bald auf eine Querstraße, der wir rechts nach **Kugelsbühl** folgen. Wir durchqueren den Weiler und fahren in den angrenzenden Wald ein. Gut 2 Kilometer weiter sehen wir in einer Talmulde vor uns den **Flugplatz Paterzell** ❺ liegen, betrieben vom Luftsportverein Weilheim-Peißenberg. Am Boden sind einige Segelflugzeuge zu erkennen, die wohl darauf warten, wieder starten zu dürfen. Längs des Tals liegt der Rottgraben, in dem die Rott entspringt, ein weiterer südlicher Zulauf des Ammersees.

Festlicher Bierwagen

Zunächst halten wir auf den Flugplatz zu, schwenken dann rechts in einen Kiesweg ab, der parallel zum Flugplatz verläuft und an einem Querweg endet.

Wir folgen dem Radwegweiser links Richtung **Wessobrunn** und **Eibenwald.** Kurz darauf überqueren wir den Rottgraben und passieren das schilfreiche Südufer des Zellsees. Weil der Weg am Westdamm entlang gesperrt ist, fahren wir zum ausgeschilderten **Gut Moosmühle.** Wir lassen den Hof samt Reitanlage und Hofladen rechts liegen und radeln auf einem Schotterweg Richtung **Eibenwald** ❻ (bzw. **Eibenpfad**).

Im Wald – hier beginnt der Eibenpfad – halten wir uns rechts und bleiben auf dem breiten Forstweg, der uns nach 1,5 Kilometern ans Ufer des Zellsees bringt. Hier bekommen wir ihn das erste Mal zu Gesicht: Wir sehen breite Schilfbänder und unzählige Seerosen. Ein lohnender, weil schöner Blick. Leider können wir die Radtour nicht über den Damm fortsetzen, die Durchfahrt ist neuerdings verboten und das Gelände videoüberwacht. Ein letzter Blick, dann kehren wir notgedrungen auf demselben Weg zurück. Nach einem Kilometer treffen wir auf den Wegweiser **Eibenpfad** und folgen ihm nach rechts. Weil der Pfad sehr schmal ist und uns Fußgänger begegnen, schieben wir die Räder die nächsten 700 Meter bis zum Wander-Parkplatz an der Kreisstraße WM 29, auf die wir rechts einbiegen. Nach 300 Metern – wir haben nun den höchsten Punkt unserer Radtour erreicht – stoßen wir auf die Kreisstraße WM 8 und folgen rechts der Beschilderung Richtung **Weilheim** und **Wessobrunn.** Es geht bergab. Nach einem Kilometer erreichen wir das Dorf **Zellsee.** Durch eine Unterführung gelangen wir auf den Radweg jenseits der Staatsstraße 2057 von Weilheim Richtung Landsberg am Lech. Hier fahren wir kurz links und bei der nächsten Möglichkeit rechts (Radwegweiser **Raisting**). Eine asphaltierte Straße, die für den allgemeinen Verkehr mit Kraftfahrzeugen gesperrt ist, bringt uns gemütlich durch das beschaulich-charmante Rotttal, zur Linken vom Stiller und Wessobrunner Wald, zur Rechten von der Raistinger Lichtenau flankiert, bis in den Weiler **Stillern.** Am

Ammer

Dorfeingang begrüßt uns der seit über 30 Jahren bestehende **Hof-Biergarten Stillern** ❼ (Öffnungszeiten beachten!) in ländlichem Ambiente mit großer Wiese. Er bietet alles, was man von einem traditionellen Biergarten erwartet. Auch Vegetarier und Veganer kommen auf ihre Kosten, und die mitgebrachte Brotzeit ist ebenfalls willkommen. Regelmäßig spielen dort Bands und Kapellen live auf.

Von Stillern aus radeln wir auf dem **Stillernweg** an der **Wallfahrtskapelle St. Stephan** ❽ vorbei nach **Raisting.**

An einer Kreuzung am westlichen Ortsrand schwenken wir rechts auf den **Hartweg** ein. Er geht auf Höhe der Rott in die **Floßmannstraße** über, der wir bis zum **Gasthof zur Post** ❾ folgen. Dort kehren wir ein und lassen uns mit bayerischen Schmankerln und einem kalten Radler verwöhnen.

Rund 600 Meter trennen uns nun noch vom Ausgangspunkt unserer Tour. Wir fahren nach rechts auf die **Pfarrkirche St. Remigius** zu, an der wir erst rechts auf

*Die 1664 erbaute **Wallfahrtskapelle St. Stephan** in Stillern steht auf den Überresten einer vom Feuer zerstörten Mönchsklause aus dem 12. Jahrhundert. Sie liegt am Jakobsweg von Raisting nach Wessobrunn und gehört den Einwohnern des Weilers.*

St. Stephan Stillern

die **Herrenstraße** und sofort wieder links auf den **Kirchenweg** einbiegen. Dieser bringt uns zurück zum **Bahnhofsplatz.**

Auf der Fahrt durch Raisting sehen wir auf mehreren Schornsteinen und Dächern Storchennester von der Größe eines Schlepperreifens. In fast jedem Horst steht ein Weißstorch, am weißen Federkleid mit schwarzen Schwungfedern und den langen roten Beinen zu erkennen. Bei einigen Nestern beobachten wir kleine Köpfe, die sich hektisch heben und senken. Der Nachwuchs ist da. Schmunzelnd empfinden wir nach, was der Volksmund sagt: „Störche bringen nicht nur die Kinder, sondern auch Glück."

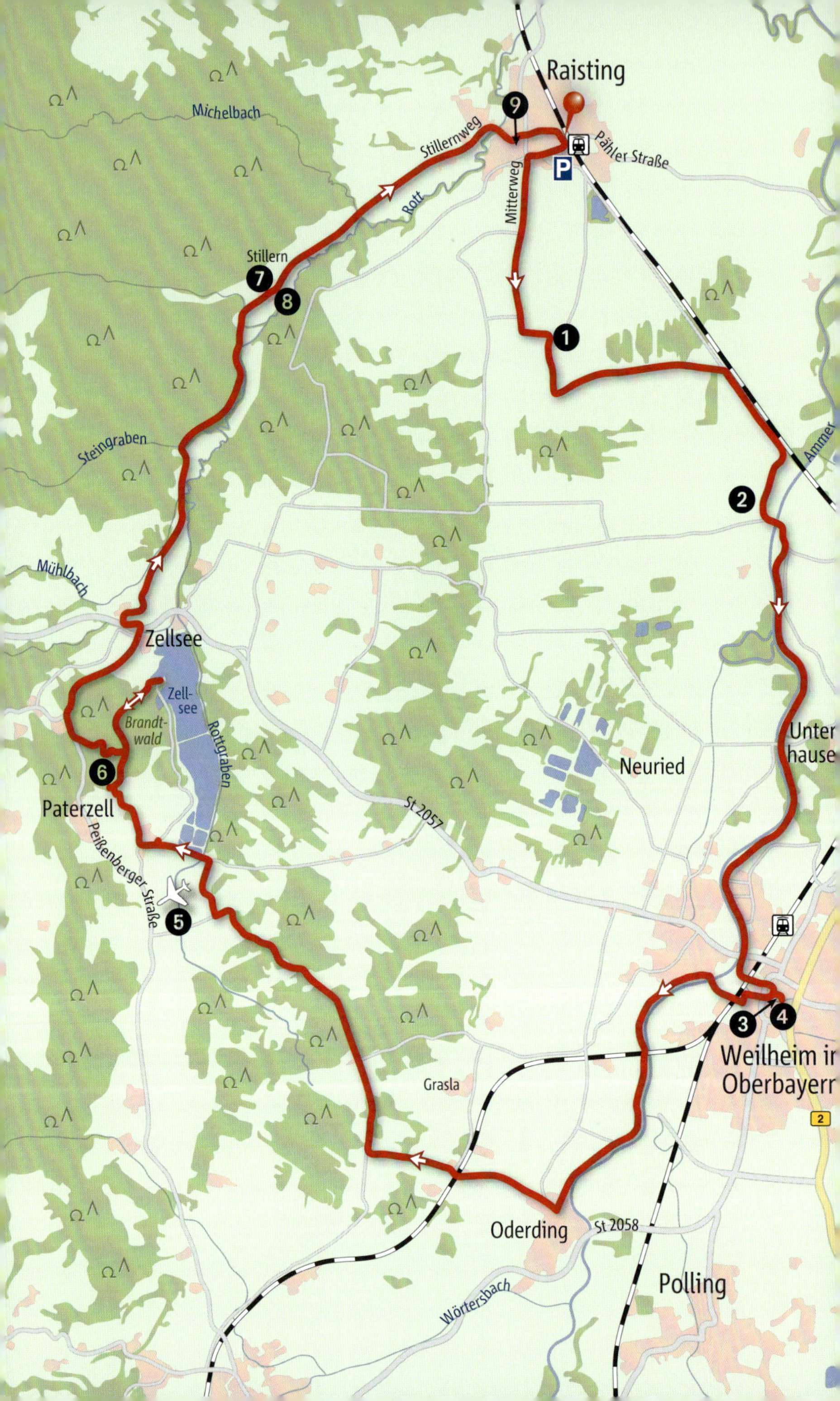
Raisting
Michelbach
Stillernweg
Pähler Straße
Mitterweg
Rott
Stillern
Steingraben
Ammer
Mühlbach
Zellsee
Zell-
see
Brandt-
wald
Rottgraben
Paterzell
Unter
hause
Neuried
St 2057
Peißenberger Straße
Weilheim in
Oberbayern
Grasla
Oderding
St 2058
Polling
Wörtersbach
1
2
3
4
5
6
7
8
9
2

Entspannung ★★★★★
Genuss ★★★★☆
Romantik ★★★★★

WIE & WANN:
Asphaltierte, überwiegend wenig befahrene Nebenstraßen, Schotter-, Wald- und Dammwege; ideal April bis Oktober.

HIN & WEG:
Auto: Parken am Bahnhof Raisting, Bahnhofstraße, 82399 Raisting (GPS: 47.911919, 11.114102)
ÖPNV: RB 67 bis Bahnhof Raisting. Alternativ Regionalverkehr bis Bahnhof Weilheim; mit dem Rad durch Bahnhofallee, rechts in Bahnhofstraße, rechts in Unterer Graben; dort Einstieg in die Tour

ESSEN & ENTSPANNEN:
Café Rosalie ❹ Kirchplatz 5, 82362 Weilheim in Oberbayern, Tel. (08 81) 9 25 75 08, www.cafe-rosalie.de
Hof-Biergarten Stillern ❼ Stillern 1, 82399 Raisting, Tel. (0 88 09) 8 62, www.hofbiergarten-stillern.de
Gasthof zur Post ❾ Floßmannstraße 9, 82399 Raisting, Tel. (0 88 07) 9 22 40, www.post-raisting.de

ENTDECKEN & ERLEBEN:
Kirche St. Johannes ❶
Obere und Untere Filzen ❷
Weilheimer Marienplatz ❸
Flugplatz Paterzell ❺ Luftsportverein Weilheim-Peißenberg e. V., Peißenberger Straße 27, 82405 Paterzell
Eibenwald ❻
Wallfahrtskapelle St. Stephan ❽

Gauting an der Würm

- 30 Kilometer
- 100 Höhenmeter
- 3 Stunden
- Rundtour

Maria Eichs Eiche

Gauting und Kreuzlinger Forst

Das an der Würm gelegene Gauting hat eine lange Vorgeschichte. Die Gemeinde zählt zu den Gebieten in Oberbayern, die am frühesten besiedelt waren. Funde aus der Bronze- und Römerzeit belegen das.

Los geht's am Bahnhof, die **Bahnhofsstraße** hinunter in den Ortskern bis zu einer Querstraße. An der Ampel folgen wir dem gelben Straßenschild Richtung **München** auf die **Clermont-l'Hérault-Brücke,** die die Würm quert und seit 2007 nach der französischen Partnerstadt Gautings benannt ist. Unmittelbar nach der Würmbrücke steht rechter Hand eine denkmalgeschützte **Nepomuk-Figur** ❶ – in katholischen Gefilden Süddeutschlands ist der Brückenheilige eine beliebte Gestalt. Die Gautinger Figur wurde 1947 zum Dank dafür aufgestellt, dass die Brücke im Zweiten Weltkrieg nicht zerstört wurde. Zugleich gemahnt sie, wie der eingefassten Schrifttafel zu entnehmen ist: „Lasst ab von Hass und Missetat. Gott lohnt's euch dann oft früh – oft spat."

Nach wenigen Metern überqueren wir die Münchener Straße und biegen in den **Pfarrweg** ein. An der **Pfarrkirche St. Benedikt** vorbei – ihr Turm stammt noch vom Vorgängerbau aus dem 16. Jahrhundert, der Rest datiert aus den 1930er-Jahren – folgen wir dem Radwegweiser nach links in die **Ledererstraße.** Sie führt uns direkt zu einer Holzbrücke, neben der eine weitere denkmalgeschützte Attraktion Gautings auf uns wartet: das **Wasserrad einer ehemaligen Papiermühle** ❷.

Leider ist es nicht in Bewegung. Wegen der anhaltenden Trockenheit ist der Wasserstand der Würm so

*Das **Wasserrad der einstigen Papiermühle** mit seinen Schaufeln war von 1878 bis um 1900 in Betrieb. 1975 wurde es der Gemeinde Gauting überlassen und nur ein Jahr später wiedererrichtet, allerdings 20 Meter unterhalb des alten Standorts.*

Wasserrad Gauting

Für die Seele

Im Kreuzlinger Forst treffen wir auf einen spirituellen Ort mit Freialtar. Und im Seelengärtchen der Wallfahrt Maria Eich lauschen wir beruhigenden Klängen.

niedrig, dass die Schaufeln des Mühlrads untätig in der Luft hängen.

Wir bleiben auf der Ledererstraße, passieren eine Grünanlage (Radwegweiser Richtung **München**) und treffen auf die **Münchener Straße.** Auf ihr fahren wir zunächst nach links, um ihr nach 130 Metern (bei der links abknickenden Vorfahrtstraße) rechts Richtung **München/Neuried** zu folgen. Nach einem kurzen Anstieg wechseln wir die Straßenseite. Hier steht unter Bäumen ein fast 100 Jahre altes **Denkmal ❸,** genauer: eine viereckige Stele, auf der ein bronzener Porträtkopf ruht. Die Inschrift informiert uns, dass das Denkmal an **Hermann Freiherr von Rotenhan** erinnert, den Gründer des Bayerischen Radsportverbands.

Wir setzen unsere Tour auf dem Radweg links neben der Münchener Straße fort, die Forst Kasten zur Linken und Forstenrieder Park zur Rechten wie eine Schneise voneinander trennt. Nach etwa 4,5 Kilometern erreichen wir den Ortseingang von **Neuried** und nach weiteren 1,5 Kilometern auf der **Gautinger Straße** die Ortsmitte – und damit das **Café und vegetarische Restaurant „Vor Ort" ❹.** Hier legen wir eine kleine Kaffeepause ein.

Wir bleiben auf der Gautinger Straße und überqueren an einer beampelten Kreuzung die mehrspurige Planegger/Forstenrieder Straße (St 2344). Nach etwa 150 Metern verlassen wir die **Münchner Straße** nach links auf den Radweg neben dem **Haderner Weg,** der uns am Fürstenrieder Wald entlang nach **Großhadern** lenkt. Am Ende des Haderner Wegs biegen wir an der Querstraße links auf einen Radweg. Vor dem ersten Haus der vor uns liegenden Siedlung schwenken wir links auf einen Schotterweg ab, der uns durch einen Grünstreifen hindurch – vorbei an ungezählten gelb leuchtenden Goldruten – zur Straße **Am Klopferspitz** bringt. Zwischen den Häusern hindurch haben wir mehrmals das 60 Meter hohe und 205 Meter lange Bettenhaus des Klinikums Hadern gesehen. Es wird wegen seines Dachaufbaus, einem Windleitwerk, auch „Toaster" genannt.

Auf Am Klopferspitz folgen wir dem Radwegweiser Richtung **Max-Planck-Institut/IZB.** Das Areal beherbergt einen europaweit einflussreichen Standort für Biotechnologie mit diversen Biotech-Firmen sowie einer Reihe von universitären und nicht universitären Forschungseinrichtungen. Am IZB (Innovations- und Gründerzentrum Biotechnologie) bestaunen wir die **Skulptur All You Can** 5 von Barbara Rüppel und Rolf

Skulptur All You Can

Teichidyll beim Max-Planck-Institut

Sander: eine riesige rote Kugel auf grünem Rasen, die von kleinen weißen Männchen umstellt ist. Auf der Infotafel erfahren wir, dass das Objekt Klischees von Durchschnittsbürgern reflektiert, die bei Biotechnologie sofort an Klone und Mutationen denken.

500 Meter weiter, bevor wir das Areal beim Max-Planck-Institut Biochemie hinter uns zurücklassen, stellen wir die Räder ab und riskieren einen flüchtigen Blick durch die Büsche auf ein malerisches Teichidyll. Zum Schutz der brütenden Vögel ist der Weg zum Teich gesperrt. Doch was wir sehen, wenn auch nur flüchtig, ist ein Shot Balsam für die Seele.

Wir radeln die Straße weiter entlang und halten uns an der **Neurieder Straße** links. Bei der nächsten Möglichkeit geht es dann rechts auf die **Alexander-Fleming-Straße,** die wir nach 300 Metern geradeaus über einen gepflasterten Weg verlassen. Wir durchfahren die kleine Grünanlage **Parc de Meylan** und treffen auf die **Einsteinstraße.** Ihr folgen wir nach links, halten uns an der **Röntgenstraße** wiederum links, um danach

Brunnen am IZB

rechts auf dem Radweg neben der **Münchner Straße** nach **Planegg** zu radeln. Nach 500 Metern biegen wir rechts in die **Richard-Wagner-Straße** ab, an deren Ende wir auf die Pasinger Straße stoßen. Halb links auf der anderen Straßenseite befördert uns das schmale **Bruggergangerl,** ein Geh- und Radweg, über die Würm hinweg. Nach links geht's die **Georgenstraße** entlang, an der **Germeringer Straße** biegen wir rechts ab. Unmittelbar nach der Bahnunterführung wechseln wir an der Fußgängerampel die Straßenseite und schieben das Rad ein kleines Stück einen von Bäumen gesäumten geteerten Gehweg hinauf zur **Kreuzwinkelstraße.** Am **Bahnhof Planegg** vorbei folgen wir nun den Wegweisern Richtung Augustinerkloster **Maria Eich ❻.**

Auf einer Lichtung im Wald bilden Freialtar, Kirche und das Kloster, in dem derzeit vier Augustinerbrüder leben, eine harmonische Einheit. Maria Eich, die Pilgerstätte vor den Toren der Großstadt, ist ein spiritueller Ort und zugleich Erholungsgebiet. Als wir uns nähern, erkennen wir eine große Menschentraube vorm Freialtar, dann hören wir Gesänge: Unter freien Himmel findet gerade ein Gottesdienst statt. Wir wollen nicht stören, parken unsere Räder und betreten am Rand des Wallfahrtsplatzes ein kleines, von Bäumen gesäumtes Fleckchen Wiese: das **Seelengärtlein ❼ .**

Darin stehen lose verteilt Stühle und Liegestühle. Aus Klangstäben ertönt leise Meditationsmusik (werktags 15–19, sonn- und feiertags 16–19 Uhr), die sich wie ein wohltuender Klangteppich übers Gärtchen und seine Besucher legt. Wir lassen uns nieder, schließen die Augen und lauschen den Klängen.

An der Kirche vorbei radeln wir auf dem **Karl-Leisner-Weg** weiter, dem Wegweiser Richtung **Waldsanatorium** folgend, und überqueren nach etwa 600 Metern die **Sanatoriumstraße,** auf die wir nach weiteren 700 Metern erneut treffen. Gegenüber befindet sich das **Karl-Leisner-Denkmal ❽.** Es erinnert an den 1996 von Papst Johannes Paul II. seliggesprochenen Priester und

*Der **Wald um Maria Eich** bietet ein besonderes Naturerlebnis: eine fast urwaldartige Vielfalt. Hier sieht man teils absterbende, vereinzelt auch bereits tote, bis zu 300 Jahre alte Methusalem-Eichen, die Lebensraum für seltene Tiere und Pflanzenarten sind.*

*Der Stamm des Baums, mit dem die Wallfahrt **Maria Eich** begann, steht bis heute in der Wallfahrtskapelle: hinterm Hochaltar in einer Glasvitrine. Zwei Brüder hatten um 1710 eine Marienfigur daran fixiert, 30 Jahre später stand an dieser Stelle die erste Kapelle.*

Am Wegesrand

Märtyrer, der am 12. August 1945 im benachbarten Waldsanatorium an den Folgen seiner KZ-Haft starb. Am 9. November 1939 hatte ihn die Gestapo wegen seiner Hitler-Kritik verhaftet und erst ins KZ Sachsenhausen, dann ins KZ Dachau gesteckt. Wir ehren den Mutigen mit einer Schweigeminute.

Sodann folgen wir dem Radwegweiser nach links auf den **Vinzenz-von-Paul-Weg.** An dessen Ende überqueren wir die Fischerfeldstraße und radeln rechts durch eine Streuobstwiese. Dem Radwegweiser folgend begleiten wir dann die **Pentenrieder Straße,** bevor wir nach 300 Metern halb links auf einen Forstweg durch den Kreuzlinger Wald abtauchen, der uns ganz gemütlich nach Pentenried lenkt. Unterwegs bleiben wir stets auf dem Hauptweg, lassen alle Abzweige rechts und links liegen. Beim Abzweig **Gutsstraße/Kraillinger Straße** geht uns die mitgeführte Wasserration aus. Es ist noch nicht 12 Uhr, aber schon sehr heiß, was unseren hohen Wasserverbrauch erklärt. Den Nachschub organisieren wir im **Gasthaus am Römerfeld 9,** das wir über die Kraillinger Straße und die Straße Am Römerfeld erreichen. Dass es die Vereinsgaststätte des TSV Pentenried ist, erfahren wir vor Ort. Da aber kein Spielbetrieb herrscht, wirkt die Terrasse besonders einladend. Wir suchen uns ein schattiges Plätzchen, um nach einem alkoholfreien Radler und mit frisch befüllten Wasserflaschen wieder an den Abzweig zurückzukehren.

Wir verlassen Pentenried auf der leicht ansteigenden **Gutsstraße** – zunächst auf beiden Seiten von landwirtschaftlichen Nutzflächen flankiert, dann rechter Hand von einem Wäldchen begleitet. Nach etwa 1,5 Kilometern treffen wir auf die **Staatsstraße 2349,** die Unterbrunn mit Gauting verbindet. Wir überqueren sie und fahren auf dem breiten Geh- und Radweg, der auf der anderen Seite verläuft, links weiter. Er bringt uns schnurgerade nach **Gauting** zurück. Nach der Bahnunterführung biegen wir links in die **Rafael-Katz-Straße** ein, auf der wir den Bahnhofplatz erreichen. Wir sind am Ziel. Wie gut, dass wir sehr früh gestartet sind! Es ist gerade einmal 13 Uhr, und die Tagestemperatur liegt bei 34 Grad – Tendenz steigend. In Gedanken sehen und hören wir noch den Klanggarten von Maria Eich – cool!

Maria Eich

Germering
96
Klosterwald Maria Eich
Georgenstraße
Pasinger Straße
Großhadern
Martinsried
Sanatoriumstraße
Planegg
Münchner Straße
Fürstenrieder Wald
Haderner Weg
Krailling
Pentenrieder Straße
Stockdorf
Neuried
St 2344
Fürstenried
Germeringer Straße
Würm
St 2063
Gautinger Straße
Link-Geräumt
Buchbichl
Römerstraße
Pentenried
Forstenrieder Park
Gauting
Münchener Straße
St 2349
Ammerseestraße
Neurieder Straße
Elisen-Geräumt
95
Plempel-Holz
Buchendorf

Entspannung ✱✱✱✱✱

Genuss ✱✱✱✱✱

Romantik ✱✱✱✱✱

WIE & WANN:
Asphaltierte Haupt- und Nebenstraßen, Schotter- und Waldwege; am besten April bis Mitte Oktober.

HIN & WEG:
Auto: Parken im Umfeld des Bahnhofs, Bahnhofstraße, 82131 Gauting (GPS: 48.070113, 11.376976)
ÖPNV: S 6 bis Bahnhof Gauting

ESSEN & ENTSPANNEN:
Café und vegetarisches Restaurant „Vor Ort" ❹ Gautinger Straße 3, 82061 Neuried, Tel. (0 89) 7 59 54 08, www.vorort-neuried.de
Gasthaus am Römerfeld ❾ Am Römerfeld 7, 82349 Krailling, Tel. (0 89) 89 39 98 33

ENTDECKEN & ERLEBEN:
Nepomuk-Figur ❶
Wasserrad einer ehemaligen Papiermühle ❷
Denkmal Hermann Freiherr von Rotenhan ❸
Skulptur All You Can ❺
Maria Eich ❻
Seelengärtlein ❼
Karl-Leisner-Denkmal ❽

- 15 Kilometer
- 50 Höhenmeter
- 2 Stunden
- Rundtour

Seebad Starnberg

Würmtal-Parcours

Durchs Leutstettener Moos

Wir starten am Bahnhofplatz in **Starnberg** und passieren das denkmalgeschützte **Bahnhofsgebäude 1.**

Es ist 1854 nach den Plänen des Architekten Friedrich von Bürklein im Maximilian-Stil errichtet worden. Mittlerweile ist es zwar etwas in die Jahre gekommen, aber immer noch ein städtebauliches Kleinod – und Zeitzeuge des 19. Jahrhunderts.

Am Bahnhof unterqueren wir die Bahngleise und gelangen auf die Starnberger **Seepromenade.** Sie beschenkt uns mit einem imposanten Blick auf See und Alpenkette – bei Sonnenuntergang spektakulär. Wir biegen links in die Promenade ein, am Bahndamm entlang. Sicherheitshalber – es herrscht viel Fußgängerverkehr – schieben wir unsere Räder. Am Münchner Ruder-Club von 1880, einer der ältesten Rudervereine Bayerns, durchfahren wir den **Bucentaurpark 2.** Auf dem ehemaligen Werftgelände der Seenschifffahrt Starnberger See entstanden, bietet er seit 2016 Einheimischen und Gästen Erholung und Entspannung.

Auf dem **Nepomukweg** gelangen wir am Seebad Starnberg vorbei zur hölzernen **Nepomukbrücke 3,** die die Würm überquert. Wenn ein Warnton erschallt, ist Vorsicht geboten. Dann öffnet sich die Zugbrücke und lässt ein Segelboot mit hohem Mast die Einfahrt in den bzw. Ausfahrt aus dem Hafen passieren. Da die Brücke weder Aufzug noch Fahrradspur hat, tragen wir die Räder treppauf und treppab. (Alternativ können wir am Seebad Starnberg der **Strandbadstraße** bis zur **Münchner Straße – B 2** – folgen und dort rechts auf dem Radweg die Würm überqueren. Unmittelbar

*Der **Bahnhof Starnberg** war die Endhaltestelle der 1854 eröffneten Bahnstrecke München–Starnberg. Binnen eines Jahres hat der Unternehmer Johann Ulrich Himbsel die damals einzige privat finanzierte Bahnlinie Bayerns gebaut. Damit begann Starnbergs Wachstum.*

Leutstettener Moos

Für die Seele

Über Waldwege und Holzbohlenstege hinweg und an Mooswiesen vorbei treffen wir einen römischen Gutshof, ein königliches Gasthaus und „Heilquellen".

nach der Brücke biegen wir rechts auf einen schmalen Weg ab, der in den **Schiffbauerweg** übergeht.)

Wir radeln nun geradeaus bis zur **Berger Straße,** in die wir links einbiegen. Nach einer beampelten Kreuzung unterqueren wir die Autobahn 952 und orientieren uns dann rechts in die **Heimatshausener Straße,** die später nahtlos in den **Birkenweg** übergeht. Linker Hand erhaschen wir einen ersten Blick ins **Leutstettener Moos ④,** eine Landschaft mit Büschen, Wäldchen, Streuwiesen, Bächen, Sumpf- und Moorflächen.

Wir folgen dem Radwegweiser Richtung **Leutstetten,** ein Schotterweg löst die asphaltierte Straße ab. Wenig später gelangen wir auf einen Holzbohlensteg, der uns in den Wald bringt. Wir durchfahren diesen im sanften Auf und Ab, der Baumbestand ist mal dichter, mal lichter. Nach etwa 600 Metern folgt ein zweiter Holzbohlensteg. Wo er endet, queren wir den Röhrlbach, der das Wasser der umliegenden Moorflächen sammelt und linker Hand fürs Auge nicht sichtbar in die Würm leitet. Seitlich des Stegs schimmert das dunkle Moorwasser, Steifseggen und Schilfröhrichte bilden die Kulisse.

Rund 700 Meter nach dem Ende des Stegs treffen wir auf eine Wegkreuzung, an der wir uns links halten. Kurz darauf entlässt uns der Wald über eine schmale Holzbrücke aus seinen schattenreichen Fängen in die von der Sonne heftig aufgeheizte Sommerluft. Nach wenigen Metern taucht vor uns die **Villa Rustica ⑤** auf, genauer: die Reste eines römischen Gutshofes aus dem 2. Jahrhundert. Ein von Mooswiesen umgebener Glas-

*Das **Leutstettener Moos** ist ein Niedermoor und wurde 1984 als Naturschutzgebiet ausgewiesen. Sein Ursprung ist die verlandete einstige Nordbucht des Starnberger Sees. Es bietet vielen gefährdeten Tier- und Pflanzenarten einen geschützten Lebensraum.*

pavillon schützt den kostbaren Fund, den man zufällig Anfang 2002 machte. Wir gehen den möglichst originalgetreu rekonstruierten Grundriss entlang, er veranschaulicht die Größe des einstigen Anwesens. Hinterm Pavillonglas erkennen wir die gut erhaltene Fußbodenheizung, eine Wanne und weitere Objekte. Wie sah das Leben vor bald 2000 Jahren aus? Hatte der Gutsherr eine Frau? Kinder? Wie viele Sklaven verrichteten die Arbeit? Welche Tiere waren in den Stallungen untergebracht? Gab es Kontakt zu Einheimischen, die sich mühsam und kärglich von Fischfang oder Feldarbeit ernährten? Wusste er den Sonnenuntergang überm See, dessen heutige Verlandung damals noch in weiter Ferne lag und der quasi vor seiner Terrasse begann, zu schätzen? All das und noch viel mehr malen wir uns in Gedanken aus, während wir auf einer der Ruhebänke sitzen.

Sodann schwingen wir uns auf die Räder und fahren dem Radwegweiser Richtung **Leutstetten** folgend weiter den Schotterweg entlang. Gut einen Kilometer später nehmen uns die ersten Häuser der Gemeinde Leutstetten in Empfang. Das Dorf, erstmals um 800 urkundlich erwähnt, ist damit gut 400 Jahre älter als die Kreisstadt Starnberg, zu der es seit 1978 gehört. Wenige Meter nachdem der bisherige Schotterweg in die asphaltierte **Wangener Straße** übergeht, stoppen wir erneut. Linker Hand verläuft ein von Bäumen und Hecken flankiertes Gässchen mit einer **Sitzbank ❻,** von der aus wir einen wunderbaren Blick über die sanft gewellten Mooswiesen bis zur römischen Villa haben. Und in weiter Ferne jenseits der Baumwipfel zeichnen sich wie hinter halbtransparentem Milchglas die Konturen der Alpen ab. Wir bleiben auf dem Hauptweg, passieren ein Wegkreuz und treffen nach 500 Metern auf die querende **Altostraße,** in die wir links Richtung **Mühltal/Starnberg** abbiegen. Kurz darauf liegt auf der rechten Seite die **Schlossgaststätte Leutstetten ❼,** ein gemütliches Lokal mit uriger Gaststube, schöner Son-

Heizung Villa Rustica

nenterrasse und großem Biergarten. In dem ansprechenden Ambiente schmeckt die servierte bayerisch-österreichische Küche besonders gut. Überhaupt atmet das Gebäude bayerische Geschichte. Es befindet sich im Besitz des Hauses Wittelsbach, eines der ältesten deutschen Hochadelsgeschlechter. Ihm entstammten die bayerischen Kurfürsten und Könige, darunter der Märchenkönig Ludwig II., der auf bisher ungeklärte Weise im Starnberger See ums Leben kam (siehe Tour 11). Die Schlossgaststätte erfreut sich überaus großer Beliebtheit, was ihre Bekanntheit weit über Starnbergs Grenzen hinaus ins Land getragen hat. Will sagen: An schönen Sommertagen herrscht dort ein wildes Gewusel. Was die Wirtsleute freut, ist längst nicht jedermanns Sache. Ein antizyklischer Besuch kann sich als Vorteil erweisen.

*Die **Kirche St. Alto** ist dem heiligen Alto geweiht, der im 8. Jahrhundert bei Dachau lebte und das Kloster Altomünster gründete. Kunsthistorisch von Belang sind das Relief am Seitenaltar, ein römischer Grabstein und das Votivbild der drei heiligen Frauen.*

Einen Steinwurf entfernt, gleich neben dem alten Feuerwehrhaus aus dem Jahr 1905, steht die im romanischen Stil erbaute kleine Kirche **St. Alto (8),** die leider verschlossen ist.

Nur 400 Meter weiter gibt es ein Wiedersehen mit der Würm: Die **Staatsstraße 2063,** die Starnberg mit Gauting verbindet, überquert das Flüsschen auf einer Brücke. Die kleine Wiese am Ufer ist ein beliebter Ein- und Ausstiegsplatz für Kanuten und Stand-up-Paddler. Wir fahren jedoch nicht nach links über die Brücke, sondern geradeaus die ansteigende Staatsstraße hinauf, denn wir haben noch einen kleinen, aber lohnenden Umweg vor. Nach 500 Metern biegen wir links in die **Mühlthalstraße** ab und überqueren die Würm an dieser Stelle. Unmittelbar nach der Brücke schlagen wir uns – erneut links, mit dem Wegweiser **Schäftlarn/Starnberg** – auf einem Schotterweg in die Büsche. Am Abzweig steht ein Warnhinweis der Stadt Starnberg und informiert, dass das Wasser der Drei-Bethen-Quelle kein Trinkwasser ist. Gut zu wissen, denn die Drei-Bethen-Quelle ist unser nächsten Etappenziel. Auf dem Weg dorthin passieren wir das denkmalge-

Einstiegsstelle Kanuten Würm

*Der Legende nach behüten **„drei Bethen“** die nach ihnen benannte „Heilquelle“. Sie geht wohl auf heilkundige Frauen zurück, die hier vor Jahrhunderten wirkten. Eine 400 Jahre alte Holztafel in St. Alto zeigt drei „Heilerinnen“, was manche als Hinweis auf die drei Bethen deuten.*

schützte **Haus zum Kapeller ⑨.** Der 1736 am Waldrand errichtete und 1850 um einen Seitenflügel erweiterte Rundbau war einst Sitz eines Eremiten, später des königlichen Oberjägers.

Kurz danach stoßen wir auf die **Drei-Bethen-Quelle ⑩.** Sie ist nicht zu übersehen und mal mehr, mal weniger geschmückt – mit bunten Bändern, bemalten Steinen und anderen Dingen. Dahinter steckt ein uralter Brauch: Wer an einem Kultort etwas Persönliches deponiert, verknüpft dadurch seinen Wunsch auf oder Dank für Heilung mit diesem Platz und seiner Energie.

Kaum haben wir uns etwas abseits auf einem Bänkchen niedergelassen, kommt ein Passant des Wegs, trinkt einen Schluck Quellwasser und befüllt eine kleine Flasche damit. Nach einem stillen Gebet, wie es scheint, geht er weiter.

Auch wir radeln weiter. An der Staatsstraße 2063, die wir bald wieder erreichen, folgen wir dem Radwegweiser nach rechts Richtung **Starnberg.** Im Ortsteil **Petersbrunn** passieren wir die augenfällige **Kapelle St. Peter ⑪.** Einer Infotafel entnehmen wir, dass sie

Haus zum Kapeller

Kapelle St. Peter

Mahnmal Todesmarsch

1513 über einer Quelle erbaut wurde, deren Wasser man heilende Kräfte zuschrieb. Das sprach sich herum, zog immer mehr Kranke an, sodass sich daraus ein Badebetrieb mit Nebengebäuden entwickelte. Direkt neben St. Peter steht ein **Mahnmal** des Künstlers Walter Habdank, das an den Todesmarsch von KZ-Häftlingen aus dem KZ Dachau in den letzten Kriegstagen erinnert.

Wir begleiten die Staatsstraße, die hier den Namen **Gautinger Straße** trägt, für 3,5 Kilometer auf dem Radweg, der zunächst links, später rechts neben ihr verläuft. In Starnberg mündet er geradeaus in den **Hans-Zellner-Weg.** Am **Bahnhof Starnberg Nord** überqueren wir die Leutstettener Straße und treffen via **Seilerweg** auf die **Bundestraße 2 (Münchner Straße).** Wir fahren rechts, um an der nächsten beampelten Kreuzung nach links – via Leutstettener Straße, Rheinlandstraße und Bundesstraße 2 – in die **Leutstettener Straße** abzubiegen. An der querenden **Josef-Jägerhuber-Straße** fahren wir rechts, sodann links in die **Maximilianstraße,** auf der wir mit dem Bahnhofsplatz die Zielgerade erreichen.

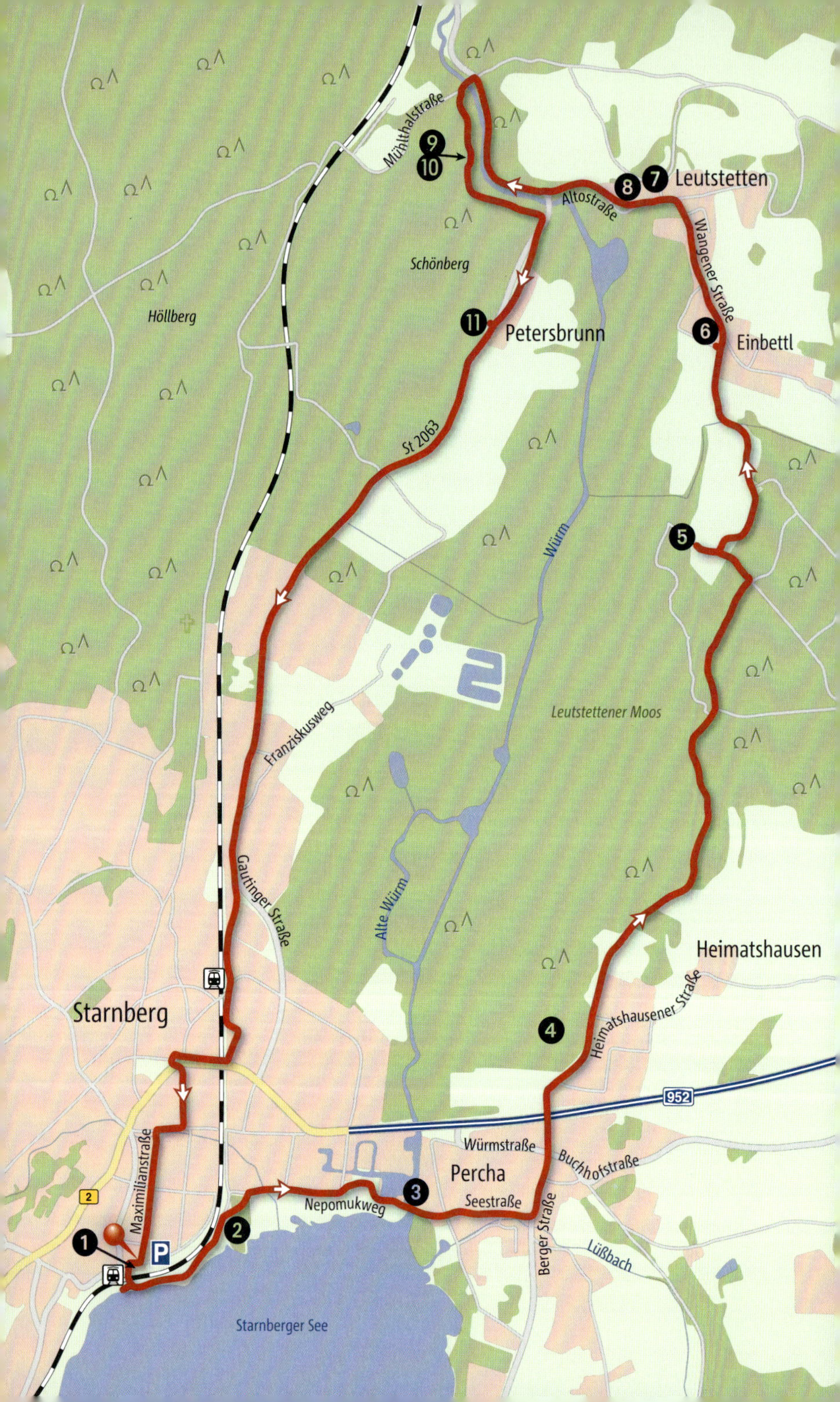

Mühlthalstraße
9
10
8
7
Leutstetten
Altostraße
Wangener Straße
Schönberg
Höllberg
11
Petersbrunn
6
Einbettl
St 2063
5
Würm
Leutstettener Moos
Franziskusweg
Gautinger Straße
Alte Würm
Heimatshausen
Heimatshausener Straße
4
Starnberg
952
2
Maximilianstraße
Würmstraße
Buchhofstraße
Percha
3
Nepomukweg
Seestraße
Berger Straße
Lüßbach
1
P
Starnberger See

Entspannung ✱✱✱✱✱

Genuss ✱✱✱✱✱

Romantik ✱✱✱✱✱

WIE & WANN:
Asphaltierte Straßen, Schotter-, Wiesen- und Waldwege sowie Holzbohlenstege; das ganze Jahr über ein Erlebnis!

HIN & WEG:
Auto: Parken am Bahnhof Starnberg, Bahnhofplatz, 82319 Starnberg (GPS: 47.997376, 11.346273)
ÖPNV: S 6 bis Bahnhof Starnberg

ESSEN & ENTSPANNEN:
Schlossgaststätte Leutstetten ❼ Altostraße 11, 82319 Leutstetten, Tel. (0 81 51) 81 56, www.schlossgaststaette-leutstetten.de

ENTDECKEN & ERLEBEN:
Bahnhofsgebäude Starnberg ❶
Bucentaurpark ❷
Nepomukbrücke ❸
Leutstettener Moos ❹
Villa Rustica ❺ www.starnberg.de
Sitzbank mit Panoramablick ❻
Kirche St. Alto ❽
Haus zum Kapeller ❾
Drei-Bethen-Quelle ❿
Kapelle St. Peter und Mahnmal ⓫

- 22 Kilometer
- 50 Höhenmeter
- 2 Stunden
- Rundtour

Vogelfreistätte Ammmersee

Vogelparadies

Ins Ammer-Delta

Wir starten am Bahnhof in Dießen am Ammersee, wo wir zunächst die Räder durch ein Umlaufgitter über die Bahngleise schieben. Sodann orientieren wir uns nach rechts und fahren auf der **Seestraße** über den Mühlbach hinweg in den kleinen **Boxlerpark** ❶, in dem es neben einem Minigolfplatz auch ein Kneipp-Wassertretbecken gibt. Die erneuerte Uferbefestigung mit Sitzstufen aus hellem Granit ist ein echter Gewinn: Gefahrlos und hautnah können wir die Wassertemperatur mit den Füßen erfühlen. Wir genießen die Stille am Morgen und lassen die Kulisse auf uns wirken. Linker Hand ragt der Dampfersteg Dießen in den See hinaus, dahinter liegen die hölzernen Bootshäuser sowie die Segel- und die Motorbootschule. Vor uns sehen wir einige mit Planen abgedeckte Segelboote im Wasser vor Anker. Und vom anderen Ufer grüßt Kloster Andechs (siehe Tour 10) herüber. Wir verlassen den Boxlerpark beim **Strandhotel Südsee**, an dem wir rechts auf die **Jahnstraße** abbiegen. Kurz danach schwenken wir links auf die **Jägerallee** ein, die nach einem Kilometer auf die **Weilheimer Straße** trifft. Hier halten wir uns links und radeln neben der Straße den Radweg entlang, der an einem Vorfahrt-achten-Schild endet. Auf der anderen Straßenseite an der Gabelung mit der Raistinger Straße steht die kleine Mooskapelle. Hier wechseln wir notgedrungen auf die stark befahrene, von Birken gesäumte Weilheimer Straße, der wir nun südlich des Sees 3 Kilometer Richtung **Weilheim** und **Fischen** folgen. Dieser schnurgerade und flache Streckenabschnitt ist leider nicht zu umfahren, also brin-

*Das Mähgut der weitläufigen **Streuwiesen** wird (daher stammt der Name) zum Einstreuen der Viehställe verwendet. Zum Verfüttern ist es wenig geeignet, weil es überwiegend aus Sauergräsern besteht. Für schmackhafte Süßgräser ist der Boden zu nass.*

Ufer Boxlerpark

Für die Seele

Wir entdecken das zauberhafte Ammer-Delta, begegnen dem ehemaligen Unterlauf der Alt-Ammer und lernen das atemberaubende Tal südlich des Ammersees kennen.

gen wir ihn schnell hinter uns. Langeweile kommt dabei nicht auf. Doch nicht wegen des Verkehrs, sondern aufgrund der **Streu- und Feuchtwiesen,** die sich auf beiden Seiten weitläufig entfalten. Außerdem überqueren wir die Rott, den südwestlichen Zufluss des Sees, und ein Stück weiter die Ammer. Unmittelbar nach der Brücke verlassen wir die Weilheimer Straße nach rechts auf einen Parkplatz. Sodann unterqueren wir die Brücke und begleiten die Ammer auf dem rechten Dammweg, der uns durchs **Naturschutzgebiet „Vogelfreistätte Ammersee-Südufer“** bis in ihr Delta bringt.

Es ist ein international bedeutsames Rastgebiet für durchziehende und überwinternde Wasservögel und ein wichtiges Brutgebiet für viele gefährdete und vom Aussterben bedrohte Vogelarten. Deshalb halten wir uns strikt an die Hinweise, die auf einer Infotafel stehen, und weichen nicht vom vorgegebenen Weg ab. Das leicht missverständliche Schild „Kein Unterhaltungsweg“ soll allerdings nicht ausdrücken, dass wir in der Nähe des Deltas nicht mehr miteinander sprechen dürfen. Es will uns lediglich sagen, dass der zunehmend schmalere Weg im Winter nicht geräumt und von herabgefallenen Ästen befreit wird.

Schließlich haben wir die äußerste **Dammspitze** ❷ erreicht. Leider ist uns der Blick nach Norden über den Ammersee verwehrt, ein verlandeter, von Schilf und Büschen dicht bewachsener ehemaliger Ammer-Arm nimmt uns die Sicht. Trotzdem ist es ein berauschendes Gefühl, hier zu stehen, auf einer schmalen, von Wasser umspülten Landzunge. Weit und breit ist kein

*Das **Naturschutzgebiet „Vogelfreistätte Ammersee-Südufer“** zählt zu den bedeutendsten Feuchtgebieten Bayerns. Im Ammer-Delta findet sich die größte Artenvielfalt an Brutvögeln am ganzen Ammersee, auch viele seltene Pflanzenarten fühlen sich hier wohl.*

Mensch zu sehen, außer einigen Vogelstimmen kein Laut zu vernehmen. Ein Augenblick friedvoller und angenehmer Stille. Wir setzen uns auf zwei Felsbrocken und lassen die Szene – mit geschlossenen Augen – minutenlang auf uns wirken. Wie aus dem Nichts kommen uns die Worte von Reinhard Mey in den Sinn – wenn auch leicht abgewandelt: „… was uns groß und wichtig erscheint, ist plötzlich nichtig und klein …"

Wenn es am schönsten ist, soll man aufbrechen – das tun wir und radeln auf dem Damm zurück zur Ammerbrücke. Als sich zur Rechten das Buschwerk etwas lichtet, erkennen wir jenseits des Westdamms und über einen breiten Schilfgürtel hinweg den Kirchturm des Marienmünsters in Dießen. Erstmals erblicken wir Vögel – sie liegen am Rande einer kleinen Bucht in der Sonne –, auch einen Schwan.

Pferdekoppel

Erneut fahren wir unter der Brücke hindurch und setzen unsere Fahrt auf dem Dammweg (Wegweiser: **Pähl über Ammerdamm**) nach Süden fort. Nach einem halben Kilometer zieht sich ein weiß schäumendes, laut rauschendes Band quer zur Strömung der Ammer, die hier ein leichtes Gefälle hat. Wahrscheinlich eine Sohlschwelle, die die Tiefenerosion vermindert. Gleich daneben erkennen wir im gegenüberliegenden Damm Eisenstangen, durch die Wasser abfließt. Was das wohl ist? Also Handy raus, Google fragen. Die Antwort verblüfft uns: Vor rund 100 Jahren hat die Ammer ein neues Flussbett erhalten – auf dem wir bis jetzt unterwegs waren. Im Zuge dessen hatte man dem einstigen Unterlauf der Ammer, die heutige **Alt-Ammer ③,** kurzerhand die Wasserversorgung gekappt.

*Die **Ammer** ist ein Fluss im bayerischen Alpenvorland und bildet zusammen mit der Amper ein zusammenhängendes Flusssystem. Der Name Ammer bezeichnet den Oberlauf bis zum Ammersee, Amper den Abschnitt vom Seeausfluss bis zur Mündung in die Isar nahe Moosburg.*

Das änderte sich wieder vor 20 Jahren, als man unter dem Deich ein Durchlaufrohr verlegte. Das Gestänge gegenüber ist der Ablauf und verhindert, dass Schwemmholz das unterirdische Rohr verstopft. Seither mäandert die Alt-Ammer durchs das breite Tal, um nach kurzem Lauf in die Rott zu münden.

Durchlauf Alt-Ammer

Wir radeln weiter auf dem Ammerdamm – und haben ein Aha-Erlebnis. Während das „neue Flussbett" schnurgerade in den Ammersee mündete, schlängelt sich der Fluss nun buchstäblich durch die Landschaft. Potz Blitz!

Schließlich stoßen wir auf die nächste Ammerbrücke, wo wir nach rechts auf die **Raistinger Straße** abbiegen. An einer Bushaltestelle halten wir uns rechts und radeln auf der **Unterer-Ammerhof-Straße** weiter (Radwegweiser: **Dießen am Ammersee/Herrsching**). Wir pas-

Mühlbach am Boxlerpark

sieren das Gehöft zu unserer Linken und fahren anschließend an den Stadelwiesen entlang. Am nächsten Abzweig folgen wir dem Radwegweiser nach links Richtung **Dießen/Raisting.** Der Schotterweg lenkt uns über eine kleine Brücke. Sie quert den Filzgraben, der rechts von uns, von Büschen und Bäumen verdeckt, in die Alte Ammer mündet. Wir bleiben auf dem Hauptweg und rollen vorbei an endlos scheinenden Streuwiesen, darunter das **Braunkehlchen-Refugium** ④ (Infotafel), bis an den Ortsrand von Raisting.

*Am ausgewiesenen **Braunkehlchen-Refugium** südlich des Ammersees fallen auf der gemähten Wiese parallele Altgrasstreifen auf, die wie niedrige Hecken anmuten. Hier verzichten Bauern bewusst auf Ernte, um den Braunkehlchen Platz für den Nestbau zu lassen.*

Dieser Streckenabschnitt veranschaulicht uns noch einmal auf sehr eindrückliche Weise, wie breit und flach das Tal südlich des Ammersees ist. Und ja, natürlich sehen wir am Horizont wieder einmal die imposanten Alpen. Mit diesem wunderschönen Anblick, an dem man sich einfach nicht sattsehen kann, verwöhnt das ganze Fünfseenland seine Wohlfühlradler immer wieder aufs Neue.

Am Ende des Wegs steht ein Vorfahrt-achten-Schild. Hier biegen wir zweimal rechts ab und fahren dann auf der **Raistinger Straße** Richtung Dießen. Nach etwa 1,5 Kilometern schwenken wir scharf links auf einen leicht ansteigenden Schotterweg, der uns auf einer Eisenbahnbrücke über die Bahngleise lenkt.

Geradeaus stoßen wir nach leichtem Anstieg auf einen Querweg, auf den wir rechts einbiegen und ihm schnurstracks folgen – vorbei am neuen Umspannwerk und dem **Seekuhhof.** In dessen rund um die Uhr geöffneter **Verkaufshütte** ⑤ kann man sich mit Erzeugnissen vom landwirtschaftlichen Betrieb der Familie Knoller versorgen. Zum Angebot gehören etwa frische Bio-Weidemilch, Freilandeier und eine Auswahl von Bauernhof-Eis. Auch Bio-Suppenhühner sind dort zu haben, dafür muss man sich aber nebenan beim Hof melden oder unter der angegebenen Telefonnummer anrufen.

Eine besondere Attraktion ist auch der **Schacky-Park** ⑥**,** der zwischen 8 und 20 Uhr geöffnet ist. Nur

Biberspuren

bei Sturm bleiben seine Tore geschlossen. Er wurde um 1900 von dem königlichen Kämmerer und Oberstleutnant a. D. Ludwig Freiherr von Schacky auf Schönfeld angelegt. Auf geschwungenen Wegen trifft man dort auf Skulpturen, Brunnen, einen Monopteros und vieles mehr. Ohne Übertreibung ein liebliches Idyll.

Nach einer Tankstelle biegen wir rechts auf die **Weilheimer Straße,** die wir kurz nach dem Bahnübergang nach links auf die **Jägerstraße** verlassen. Hier waren wir auf dem Hinweg schon, jetzt geht es auf demselben Weg wieder zum Ausgangspunkt am Bahnhof zurück.

Aus der Ferne grüßt
das Marienmünster

Ammersee
Dießen am Ammersee
Seestraße
Lachener Straße
Jägerallee
Schilchergraben
Vogelfreistätte Ammersee-Südufer
Aidenried
Weilheimer Straße
Vogelherdstraße
Ammer
Weißer Bach
St 2056
St 2068
Raistinger Straße
Rott
Fischer
Alte Ammer
Rothbad
Burggraben
Filzgraben
Moosrotgraben
Raisting
Pähler Straße
WM 9
Raistinger Straße
1
2
3
4
5
6

Entspannung ✱✱✱✱✱

Genuss ✱✱✱✱✱

Romantik ✱✱✱✱✱

WIE & WANN:
Asphaltierte Haupt- und Nebenstraßen, Ufer-, Damm- und Schotterwege; am besten April bis Mitte Oktober.

HIN & WEG:
Auto: Parken in der Bahnhofstraße, 86911 Dießen am Ammersee (GPS: 47.950488, 11.105275) bzw. Parkplatz am Bahnhof, Windermerestraße, 86911 Dießen am Ammersee (GPS: 47.951211, 11.106676)
ÖPNV: RB 67 bis Bahnhof Dießen

ESSEN & ENTSPANNEN:
Verkaufshütte Seekuhhof ❺ Vogelherdstraße 6, 86911 Dießen am Ammersee, www.seekuhhof.de

ENTDECKEN & ERLEBEN:
Boxlerpark ❶ Dammspitze ❷
Alt-Ammer ❸ Braunkehlchen-Refugium ❹
Schacky-Park ❻ Vogelherdstraße 5, 86911 Dießen am Ammersee, www.schacky-park.de

Am Neusee

Wir verlassen den Bahnhof Bernried über die **Bahnhofstraße,** passieren **Zorros Bioladen,** überqueren kurz darauf die Seeshaupter Straße und biegen nach weiteren 150 Metern auf der Behnhofstraße rechts in die Straße **Am Grundweiher.** Sie geht nach 100 Metern in einem sanften Rechtsbogen in den **Reitweg** über, auf dem wir den im englischen Landschaftsstil angelegten **Bernrieder Park** ❶ erreichen.

Immer wieder haben wir einen schönen Ausblick auf den Starnberger See, Seeshaupt und die Alpen. Dem Radwegweiser folgen wir nach links Richtung **Tutzing/Bernried Ortsmitte** und halten uns bis zum Landesteg Bernried in Ufernähe – vorbei an vielen Ruhebänken, einladenden Badebuchten und dem kleinen

*Der **Bernrieder Park** wurde 1950 von der Amerikanerin Wilhelmina Busch-Woods, der letzten Eigentümerin, in eine Stiftung überführt, damit er der Öffentlichkeit zur Erholung frei zugänglich ist. Er liegt direkt am Starnberger See und bietet viele Badebuchten.*

See- & Weitblick

Durchs Tutzinger Hinterland

Strandbad Hubl ❷ (Bad, Kiosk, Fischerei und Bootsverleih). Am Landesteg geht es links hoch zum **Kloster Bernried.** Bei der Einfahrt zum Klosterhof ignorieren wir den Radwegweiser (zeigt geradeaus) und biegen rechts in die 160 Meter lange **Lindenallee** ❸**.** Ursprünglich – die Allee wurde Mitte des 19. Jahrhunderts angelegt – standen hier ausschließlich Walnussbäume, die den strengen Winter 1922/23 jedoch nicht überlebten.

Am Ende der Allee fahren wir links zur **Dorfstraße.** Wir lassen den **Bernrieder Hofladen** ❹ – tolles Ambiente im Gewölbe des Schlossguts Bernried – rechts liegen und verlassen den Ort über auf dem Radweg, der neben der **Tutzinger Straße** verläuft. Vor dem Parkplatz des **Buchheim Museums** ❺ – mit Blick auf hölzerne Gi-

*Das auch als „Museum der Fantasie" bekannte **Buchheim Museum** in Bernried ist ein modernes Kunstmuseum mit verschiedenen Gemälde- und Kultursammlungen. Benannt ist es nach seinem Gründer, dem Künstler und Buchautor Lothar-Günther Buchheim („Das Boot").*

Bernrieder Park

raffenskulpturen – biegen wir rechts in den **Höhenrieder Weg** ab.

Abseits des Pkw-Verkehrs führt er uns am sehenswerten Museum und der Klinik Höhenried vorbei. Im **Naturschutzgebiet Karpfenwinkel** ⑥ bietet sich uns ein schöner Blick über weitläufige Streuwiesen und breit gefächerte Schilfgürtel hinweg auf den Starnberger See. So erreichen wir **Unterzeismering.** Das Kirchdorf gehört zur Gemeinde Tutzing und hat uralte Wurzeln, die erste urkundliche Erwähnung datiert aus der Mitte des 11. Jahrhunderts. Deutlich jünger, rund 800 Jahre, ist die denkmalgeschützte **Kapelle St. Maria** ⑦, die uns mit ihrem spitzen Dachreiter am Ortseingang direkt an der Bernrieder Straße empfängt.

Für die Seele

Am Ufer des Starnberger Sees, auf den Wiesen der Ilkahöhe und am Neusee bei Gestüt Ammerland erleben wir die diversen Charaktere des Tutzinger Hinterlands.

Von der **Dorfstraße** geht es links in den **Unteranger,** dann rechts wieder auf die **Bernrieder Straße,** der wir für knapp 2 Kilometer nach **Tutzing** folgen. Dort halten wir uns am Kreisverkehr rechts und fahren auf der **Hauptstraße** bis zum **Gymnasium Tutzing** weiter. Wir biegen links in die ansteigende **Bahnhofstraße,** auf der wir bis zum **Bahnhof Tutzing** bleiben. Sodann folgen wir dem Wegweiser Richtung **Ilkahöhe** auf einem schmalen Fuß- und Radweg **(Schönmoosweg),** an dem sich das kultige Wirtshaus **Tutzinger Keller** befindet. Kurz darauf stoßen wir auf die **Lindemannstraße,** an der wir uns rechts halten. Die nächsten 2 Kilometer haben es in sich, ab jetzt geht es bergauf: 110 Höhenmeter sind zu bewältigen. Doch keine Panik: Auch für

Kapelle St. Maria

Radler, die aktuell nicht das höchste Trainingslevel haben, ist dieser Streckenabschnitt schaffbar. Wohlgemerkt: Schieben ist keine Schande! Außerdem: Der Weg lohnt sich – mehrfach! An der Ecke Lindemannstraße/Kirschnerstraße tauchen wir halb rechts in die wenig befahrene **Monatshauser Straße** ein (Wegweiser **Ilkahöhe** und **Monatshausen**), die sich durch einen Wald beschattet bergauf schlängelt. Der Gedanke, dass wir gerade die Überreste einer Seitenmoräne hochstrampeln, die sich in der Würmeiszeit durch den Würmgletscher gebildet hat, mildert den Kraftakt etwas ab.

Nach Erreichen der Kuppe parken wir unsere Räder und schlendern, der Beschilderung **Ilkahöhe** (8) folgend, etwa 400 Meter in sanftem Auf und Ab einen Wiesenweg entlang – links von einem Weidezaun begleitet, rechts von Ruhebänken. Atemberaubend schön ist der Panoramablick, der sich über den Starnberger See bis zu den Alpen erstreckt. Es heißt, dies sei der schönste Ausblick auf den unter uns liegenden See. Wir schließen uns der Meinung an.

Wieder im Sattel, setzen wir unseren Weg fort. Nach 2,5 Kilometern lassen wir den Wald hinter uns zurück, und schon begrüßen uns die ersten Häuser von **Monatshausen.**

__Monatshausen__ bietet rechts und links vom Maibaum einen historischen Augenschmaus: zwei blau-weiße denkmalgeschützte Schilder von 1862 mit der Aufschrift: „Ortschaft Monatshausen" und „Nach Starnberg" bzw. „Nach Weilheim". Beide sind aus Gusseisen gefertigt.

Im Ort biegen wir am Maibaum links ab und folgen dem Wegweiser Richtung **Diemendorf.** Am Ortsausgang von Monatshausen entdecken wir noch eine kulinarische Überraschung: den **Hofladen** des **Heiß-Hofs** (9). Seine Türen sind täglich rund um die Uhr und sommers weit geöffnet. Das Sortiment begeistert uns: Joghurt und Eis in verschiedenen Sorten, natürlich aus eigener Produktion. Ein Milchautomat für Frischmilch, auch Milchshakes sind zu haben. Und in acht Lebensmittelautomaten locken Käse, Wurst, Fleisch, Eier, Quark, Gewürze, Essig und vieles mehr – alles aus der Region.

Das nächste Highlight folgt wenige Meter weiter: Das Tutzinger Hinterland liegt vor uns. Hier ist es fest

Alpenblick Richtung Diemendorf

in Bauernhand: Wiesen, Weiden, Weiher, Wälder – und ein freier Blick auf die herrliche Alpenkulisse.

Von nun an geht's leicht bergab, wir lassen die Räder rollen: Diemendorf, wir kommen! Wunderschön: Am Wegesrand leuchten uns immer wieder schmale Streifen aus rotem Mohn entgegen. Das Bild erinnert uns an das Gemälde „Mohnfeld bei Argenteuil“ von Claude Monet, das daheim unseren Flur schmückt. Radeln und Genuss, im warmen Gegenwind vereint.

In **Diemendorf** treffen wir an einer Kreuzung auf die Staatsstraße 2066 und folgen ihr ein kurzes Stück nach rechts. Nach dem Bahnübergang halten wir uns links und gelangen auf der **Hauptstraße** direkt nach **Haunshofen,** einem typischen Straßendorf, das 2022 eine Erneuerung erfuhr. Entlang der Ortsdurchfahrt bilden die eng nebeneinanderstehenden Häuserfronten, auch Bauernhöfe sind darunter, ein atmosphärisch dichtes Spalier. Am Dorfplatz (Ecke Bahnhofstraße) stoßen wir auf das Wirtshaus **Beim Dorfwirt** ⑩ mit seinem kleinen, aber feinen Biergarten unter

Braunvieh vor Diemendorf

In Diemendorf

Schatten spendenden Kastanien. Hier wird traditionelle bayerische Küche serviert, das Personal ist äußerst freundlich.

Wir genießen die Auszeit, die Schmankerl und das kühle Radler – dann geht es weiter. Nach 200 Metern passieren wir die **Pfarrkirche St. Gallus** ⑪ von 1754. Sie ist nach dem irischen Wandermönch und Missionar Gallus benannt, der im 7. Jahrhundert gewirkt haben soll. Funde legen die Vermutung nahe, dass es Vorgängerbauten gab, die bis ins Spätmittelalter zurückgehen.

Wir verlassen das Pfarrdorf Richtung **Bauerbach.** Dieses Kirchdorf gehört wie Haunshofen zur Gemeinde Wielenbach und liegt an der Straße nach Bernried. Wir bleiben auf der Hauptstraße, lassen das Dorf rechts liegen und radeln im sanften Auf und Ab bis zum Gut **Unterholz.** Das einst staatliche Versuchsgut für Mutterkuhhaltung gehört heute einem Pferdezüchter (Gestüt Ammerland).

Gut 500 Meter weiter machen wir rechts einen Abstecher in den Wald, nach 400 Metern stehen wir am Ufer des **Neusees** ⑫. Der Weiher ist ein kleines Naturparadies und Angelgewässer. Wir sind allein auf weiter Flur und erfreuen uns an der himmlischen Stille. Auf dem Holzsteg lassen wir uns nieder und tauchen die Füße in den Weiher. Die Sonne scheint, der Himmel ist knallblau, die Luft schön warm und das Wasser erfrischend kalt – mehr braucht es eigentlich nicht, um vollends zufrieden zu sein.

Nach einer kleinen Weile kehren wir wieder um und biegen rechts auf die Straße, die hier **Weilheimer Straße** heißt. Ihr folgen wir gemütlich knapp 1,5 Kilometer bis zum Bahnhof Bernried, den wir nach dem Bahnübergang via **Zugspitzstraße** erreichen.

Neben dem Bernrieder Bahnhof befindet sich der **Manufakturladen Clement Chococult** ⑬ – der Chocomat ist rund um die Uhr benutzbar. Die Pralinen und Schokoladen vereinen edle Zutaten und handwerkliches Können.

Deixlfurter See
2
Obertraubing
Tutzing
Hauptstraße
Monats-
hausen
Monatshauser Straße
Radiberg
9
8
Oberzeismering
Kustermann-
park
Gröbengraben
Grünholzgraben
Bernrieder Straße
Starnberger See
St 2066
Unterzeismering
7
6
Diemendorf
Kampberg
Höhenrieder
Park
10
Haunshofen
11
Hauptstraße
Röttbach
Tutzinger Straße
5
Auweiher
4
3
Bernried am
Starnberger See
2
Gallaweiher
Weilheimer Straße
Unter-
holz
12
Neusee
Reitweg
Bernrieder
Park
13
1
Bauerbach
Gallafilz
Grünbach (Wühlbach)
Berg-
knapp-
weiher
Bernrieder
Filz
Seeshaupter Straße
Adelsried
Nußberger
Weiher
Jenhausen

Alles auf einen Blick

WIE & WANN:
Asphaltierte, überwiegend wenig befahrene Straßen und befestigte Wege; ideal April bis Oktober, aber prinzipiell ganzjährig möglich.

HIN & WEG:
Auto: Parken am Bahnhof Bernried, Bahnhofstraße, 82347 Bernried am Starnberger See (GPS: 47.861847, 11.283816)
ÖPNV: RB 66 bis Bahnhof Bernried

ESSEN & ENTSPANNEN:
Bernrieder Hofladen ❹ Tutzinger Str. 12 d, 82347 Bernried am Starnberger See, Tel. (0 81 58) 9 04 87 77, www.bernrieder-hofladen.de
Hofladen Heiß-Hof ❾ Monatshausen 16, 82327 Tutzing, www.heiss-hof.de

Entspannung ★★★★☆
Genuss ★★★★☆
Romantik ★★★★★

Beim Dorfwirt ❿ Bahnhofstraße 1, 82407 Wielenbach, Tel. (01 57) 34 85 64 23, www.beim-dorfwirt.de
Manufakturladen Clement Chococult ⓭ Bahnhofstraße 25, 82347 Bernried, Tel. (0 81 58) 63 10, clement-chococult.de

ENTDECKEN & ERLEBEN:
Bernrieder Park ❶ **Strandbad Hubl** (seit 1887) ❷ An der Mühle 1, 82347 Bernried am Starnberger See, Tel. (0 81 58) 9 07 11 41, www.hubl.org
Lindenallee ❸ **Buchheim Museum** ❺ Am Hirschgarten 1, 82347 Bernried, Tel. (0 81 58) 9 97 00, www.buchheimmuseum.de
Naturschutzgebiet Karpfenwinkel ❻ **Kapelle St. Maria** ❼
Ilkahöhe ❽ **Pfarrkirche St. Gallus** ⓫ **Neusee** ⓬

Rassodenkmal Grafrath
30 Kilometer
300 Höhenmeter
3 Stunden
Rundtour

Die Gemeinde Türkenfeld liegt 3 Kilometer westlich vom Naturschutzgebiet Ampermoos. Wir verlassen den Ort, indem wir von der **Ammerseestraße** rechts in die **Römerstraße** und 400 Meter weiter erneut nach rechts in die Straße **An der Kälberweide** abbiegen. Sie leitet uns durch ein Gewerbegebiet zur **Beurer Straße,** an der wir rechts auf dem die Straße begleitenden Rad- und Fußweg weiterfahren. Bis zu einer Kuppe steigt der Weg ein kurzes Stück leicht an, danach lassen wir die Räder etwa einen Kilometer nach **Beuern** hinunterlaufen. Derweil genießen wir den schönen Ausblick: im Vordergrund Wiesen, Felder und Wälder, dahinter in einiger Entfernung zwei, drei Höhenrücken und am Horizont die Berge. Von Weitem leuch-

Grüne Landpartie

Von Türkenfeld nach Grafrath

tet uns der Satteltum der denkmalgeschützten Beurer Kirche **St. Michael** ❶ entgegen. Der Turm stammt aus dem 15. Jahrhundert, der Rest des Gebäudes ist jüngeren Datums und datiert Anfang des 18. Jahrhunderts.

Wir bleiben auf der **Dorfstraße,** im Ort passieren wir zwei Wegkreuze (eins von 1877) und alte Bauernhöfe. Nach leichtem Auf und Ab folgen wir an der Bushaltestelle beim Haus Dorfstraße 1a dem Radwegweiser nach links Richtung **Eching am Ammersee.** Nach rund einem Kilometer stoßen wir in **Painhofen** auf die **Gastwirtschaft Beim Wangerbaur** ❷ nebst Biergarten und kleiner Kapelle.

Auf der **Painhofener Straße,** die in die **Kirchbergstraße** übergeht, erreichen wir **Eching.** Kurz nach einer Kapel-

***Wangerbaur** ist der Hausname eines Anwesens, das 1420 erstmals urkundliche Erwähnung fand. Bis 1999 wurde hier Landwirtschaft betrieben, danach mutierte der Hof zur Gastwirtschaft. Da ist nichts hochglanzpoliert, die Gartenwirtschaft versprüht Charme.*

Hauskapelle in Painhofen

le an der Kirchbergstraße gelangen wir links (vor der **Kirche St. Peter und Paul**) auf dem leicht abschüssigen Schotterweg **Am Gässerl** auf die **Zankenhauser Straße.** Wir halten uns links und wechseln am Ortsausgang auf den links neben der Straße verlaufenden Rad- und Fußweg Richtung Kottgeisering. Wir radeln nun parallel zum Ampermoos nach Norden.

Einem Kilometer nach dem Ortsende von Eching überqueren wir die Straße und folgen dem Radwegweiser Richtung **Fürstenfeldbruck** und **Kottgeisering** in eine Schotterstraße, die nur für Radfahrer und Anlieger geöffnet ist. Kurz darauf durchqueren wir ein kleines Waldbiotop aus Eichen, Hainbuchen, Eschen und Erlen, **Eichbühl** ❸ genannt, oder, wie die Einheimi-

Für die Seele

Am Ampermoos entlang geht es in idyllische, ländlich geprägte Gefilde. Streuwiesen, Felder und Wälder geben sich unterwegs ein munteres Stelldichein.

schen sagen: Oachbichl. An den kleinen Endmoränenwall, der wie die ganze Landschaft ein Überbleibsel der Eiszeit ist, schmiegen sich zum Ampermoos hin breitflächig Streuwiesen. Im Wald befindet sich sogar ein schmaler Weiher, an dessen Ufer Liegestühle zum Verweilen einladen. Vom Radweg aus ist diese Oase im Biotop allerdings nicht zu sehen.

Wir bleiben auf dem Weg und folgen dem Radwegweiser weiter – einmal nach rechts, dann nach links. In **Kottgeisering** bringt uns die **Schulstraße** zur **Ammerseestraße,** die neben der mittelalterlichen **Kirche St. Valentin** mit achteckigem Turm und krönender Zwiebelhaube verläuft. Wir halten uns rechts und verlassen den Ort Richtung **Grafrath** (Wegweiser). Kurz

Ruhebank Kottgeisering

bevor wir von der Ammerseestraße in die Grafrather Straße abbiegen, entdecken wir den winzigen und liebevoll dekorierten **Hofladen Beim Falterbauer** ④ mit vielen Leckereien, darunter Fleisch und Wurst aus eigener Herstellung sowie Frischgeflügel, aber auch Soßen, Honig, Käse, Eier, Kartoffeln, Sirup, Eierlikör und Hofeis. Bei Letzterem greifen wir zu und verspeisen es gleich neben dem Hofladen an einem schattigen Plätzchen.

Dann ziehen wir weiter bis zum Ortsausgang. Nahe der Bushaltestelle „Siedlung" befindet sich der (ausgeschilderte) **Beobachtungsturm Ampermoos** ⑤. Von dort hat man einen imposanten Blick über die angrenzende Moorlandschaft, ein Naturdenkmal erster Güte.

*Das **Ampermoos,** eines der letzten und größten Niedermoore Deutschlands, entstand während der letzten Eiszeit vor etwa 10.000 Jahren. Es bietet seltenen Tieren und Pflanzen einen Lebensraum, zudem ist es Wasserspeicher und nützlich für den Hochwasserschutz.*

Beobachtungsturm Ampermoos

Zurück auf der Straße, radeln wir nach knapp 2 Kilometern in **Grafrath** auf einen Kreisverkehr zu. Noch vorher, unmittelbar nach dem Parkplatz des **Wirtshauses Dampfschiff,** haben wir rechts einen Zugang zum Amperufer. Nebenan befindet sich eine **Wasserwachtstation 6,** wo man Bootfahrern (die aus Gründen des Vogelschutzes erst ab 15. Juli aktiv werden dürfen) und Badegästen im Sommer an den Wochenenden mit Rat und Tat zur Seite steht. Einer Infotafel entnehmen wir, dass sich unweit von hier zwischen 1880 und 1940 der Anlegesteg für die Flussdampfer auf der Amper befand.

Nach einem erfrischenden Fußbad setzen wir unseren Trip fort, verlassen den Kreisverkehr an der zweiten Ausfahrt in die **Hauptstraße** und biegen am Einwohnermeldeamt links ab. Nach der Unterführung verjüngt sich der nun ansteigende und von Bäumen gesäumte Weg und mündet später in den **Prof.-Heinrich-Mayr-Weg,** der uns zur **Bahnhofstraße** bringt. Wir halten uns links und passieren die etwas erhöht liegende **Mayr-Villa,** eines der auffälligsten Gebäude an der Bahnhofstraße. Bauherr der 1901 errichteten Villa war Prof. Heinrich Mayr, seines Zeichens Forstwissenschaftler und Gründer des **Forstlichen Versuchsgartens** **7**. Das 34 Hektar große und öffentlich zugängliche Gelände liegt gleich hinter der Villa.

Von nun an geht es schubweise bergan, auf den nächsten knapp 3,5 Kilometern erwartet uns ein Höhenunterschied von rund 60 Metern. Nach Unterquerung der Bahnstrecke München–Lindau folgen wir der **Moorenweiser Straße.** Ihr bleiben wir nun 5 Kilometer auf dem parallel verlaufenden Geh- und Radweg treu. Auf beiden Seiten flankiert Wald unsere Strecke – erst der Wildenrother Forst, dann das Wessobrunner Holz. Am Ende des Waldes öffnet sich der Blick über weite landwirtschaftliche Flächen. Linker Hand leuchtet uns hinter einem Maisfeld der weiß getünchte Glockenturm der Pfarrkirche St. Sixtus in Moorenweis an. Kurz darauf stoßen wir auf die **Staatsstraße 2054,** die wir links auf dem Radweg begleiten. Nach 600 Metern überqueren wir auf der Höhe eines Gehöfts (Straßenschild **Ziegelstadel**) die Staatsstraße und biegen in einen Feldweg ein. An der ersten Möglichkeit fahren wir links, nun parallel zur Staatsstraße, und halten schnurgerade Kurs auf St. Sixtus – via **Jahnstraße, Eichweg** und **Lindenstraße** in **Moorenweis.** Am Ende der Lindenstraße schwenken wir links auf die **Ammerseestraße** ein, auf der wir den Ort wieder verlassen, begleitet von farbenfrohen Blühstreifen am Straßenrand. Am Kreisverkehr radeln wir rechts Rich-

*Im **Forstlichen Versuchsgarten der Bayerischen Landesanstalt für Wald und Forstwirtschaft,** 1881 in Grafrath gegründet, sind 200 Baumarten aus Amerika, Europa und Asien zu besichtigen. Der älteste Mammutbaum wurde 1893 gepflanzt. Der Eintritt ist frei.*

tung **Landsberg am Lech** und **Geltendorf** auf die leicht ansteigende Staatsstraße, von der wir nach 800 Metern in einer leichten Rechtskurve nach links abzweigen. Am nächsten Abzweig halten wir uns rechts und folgen nun dem Wegweiser Richtung **Hohenzell.** Wir passieren Wiesen, Felder, Wälder und vor dem Weiler einen Solarpark. Zwei große Bauernhöfe bilden das Herzstück von Hohenzell, eine Handvoll Wirtschaftsgebäude schart sich um sie. Im Vergleich zu dem kleinen Örtchen wirkt die denkmalgeschützte, mutmaßlich im 15. Jahrhundert erbaute **Kapelle Mariä Heimsuchung** **8** etwas überdimensioniert. Manchmal sind halt nicht nur die Wege des Herrn, sondern auch die seiner Baumeister unergründlich. Einer Infotafel entnehmen wir zudem, dass hinter der Kapelle am Waldrand die Quelle des linken Amperzuflusses Maisach liegt.

Wir lassen den Weiler hinter uns und folgen dem Radwegweiser Richtung **Türkenfeld.** Die landschaftlich schöne Strecke verwöhnt uns weiterhin mit Wiesen, Feldern und Wäldern. Knapp 700 Meter vor Türkenfeld genießen wir einen malerischen **Ausblick** **9** auf die Gemeinde, über die sich der Satteldachturm der Pfarrkirche Mariä Himmelfahrt wie ein heller Leuchtturm erhebt. Dahinter erstrecken sich am Horizont majestätisch die Alpen, einige Gipfel sind noch von Schnee bedeckt.

Wir erreichen **Türkenfeld** auf der **Hohenzeller Straße,** die im Ort in die **Graf-Lösch-Straße** übergeht. An der T-Einmündung biegen wir rechts in die **Moorenweiser Straße,** die – mit Blick auf die Pfarrkirche, die wir 10 Minuten zuvor aus der Ferne bewundert haben – links in die **Zankenhausener Straße** abknickt. An der nächsten Ecke zweigen wir rechts in die **Düringstraße** ab. Nach dem Bahnübergang verlassen wir sie nach rechts in die Ammerseestraße, wo wir 3 Stunden zuvor gestartet sind.

Kapelle Mariä Heimsuchung

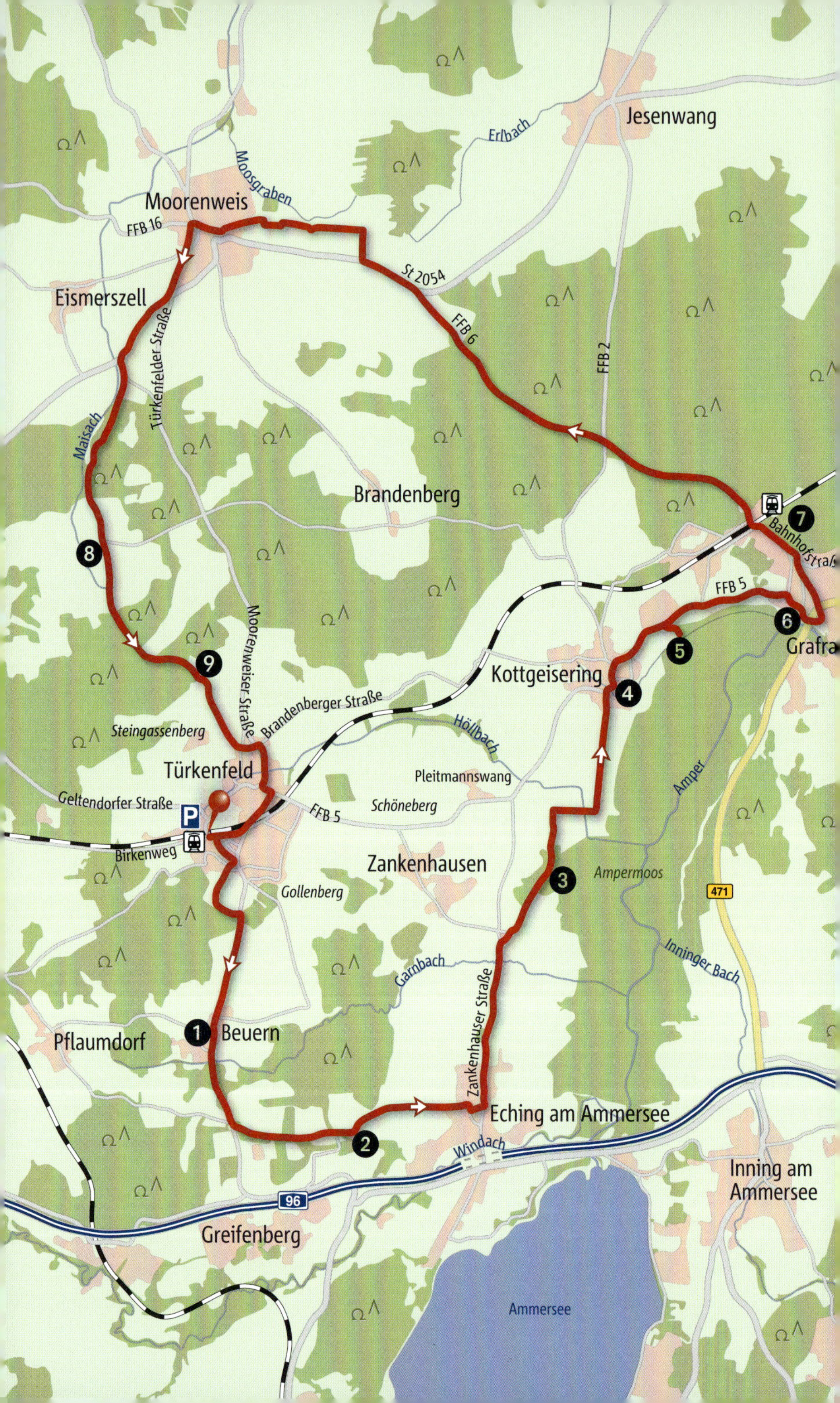

Jesenwang
Erlbach
Moosgraben
Moorenweis
FFB 16
St 2054
FFB 6
Eismerszell
Türkenfelder Straße
FFB 2
Maisach
Brandenberg
7
Bahnhofstra
8
FFB 5
6
5
Grafra
Mooreweiser Straße
9
Kottgeisering
4
Brandenberger Straße
Steingassenberg
Höllbach
Türkenfeld
Pleitmannswang
Geltendorfer Straße
P
FFB 5
Schöneberg
Amper
Birkenweg
Zankenhausen
3
Ampermoos
Gollenberg
471
Inninger Bach
Garnbach
Zankenhauser Straße
Pflaumdorf
1
Beuern
Eching am Ammersee
2
Windach
Inning am Ammersee
96
Greifenberg
Ammersee

Alles auf einen Blick

WIE & WANN:
Asphaltierte Radwege, die neben meist wenig befahrenen Straßen verlaufen, Schotter- und Feldwege sowie Nebenstraßen; ideal April bis Oktober.

HIN & WEG:
Auto: Parken am Bahnhof Türkenfeld, Ammerseestraße, 82299 Türkenfeld (GPS: 48.104726, 11.078854)
ÖPNV: S 4 bis Bahnhof Türkenfeld

ESSEN & ENTSPANNEN:
Gastwirtschaft Beim Wangerbaur ❷ Painhofen 1, 86926 Greifenberg, Tel. (0 81 92) 9 95 45 37, www.wangerbaur.de
Hofladen Beim Falterbauer ❹ Ammerseestraße 1, 82288 Kottgeisering, Tel. (01 76) 21 20 86 20, www.martin-irl-catering.de

Entspannung ✱✱✱✱✱
Genuss ✱✱✱✱✱
Romantik ✱✱✱✱✱

ENTDECKEN & ERLEBEN:
Kirche St. Michael ❶
Eichbühl ❸
Beobachtungsturm Ampermoos ❺
Wasserwachtstation ❻
Forstlicher Versuchsgarten ❼ Jesenwanger Straße 11, 82284 Grafrath, Tel. (0 81 44) 5 07
Kapelle Mariä Heimsuchung ❽
Ausblick auf Türkenfeld ❾

- 18 Kilometer
- 110 Höhenmeter
- 2 Stunden
- Rundtour

Angler Weßlinger See

Eichenalleen

Vom Weßlinger zum Pilsensee

Wir starten am Weßlinger Bahnhof und fahren mit den Bahnanlagen im Rücken links über die **Bahnhofstraße** zur **Hauptstraße.** Schräg gegenüber geht es auf der **Gautinger Straße** weiter, die wir nach wenigen Metern an einer Mitfahrerbank rechts in die **Untere Seefeldstraße** verlassen. Die bringt uns schnurstracks auf **Am Seefeld,** den Uferweg entlang des **Weßlinger Sees.** Noch keine 500 Meter sitzen wir im Sattel, und schon legen wir die erste Pause ein: Der Kiosk **Wasserberghaeusl** ❶ mit seinem einladenden Außenbereich und Steg sieht so verlockend aus, dass wir ihn uns genauer ansehen wollen.

Am Grünstreifen entlang, an dem sich sommers die Badegäste tummeln, treffen wir auf die **Ettenhofener Straße,** auf die wir nach rechts abbiegen. Sie führt uns, mit Radwegweisung Richtung **Seefeld,** in sanftem Auf und Ab aus Weßling heraus. Als wir das letzte Gebäude passieren, geht die asphaltierte Ausbaustrecke in einen Schotterweg über. Darauf durchfahren wir zunächst einen Wald und dann eine **alte Eichenallee** ❷, passieren die auf einer Anhöhe liegende **Schwaige Ettenhofen.** Zur Linken dehnen sich Maisfelder, zur Rechten Weideflächen, auf denen Schottische Hochlandrinder mit ihren langen Hörnern und dem rötlichen Fell grasen. Etwa 200 Meter nach der Schwaige folgen wir dem Radwegweiser nach links auf einen Forst- und Wirtschaftsweg, der uns über den dicht bewaldeten Hügelrücken des Klausbühl führt. Sodann

*Der **Weßlinger See** ist der kleinste der namengebenden Fünfseenlandgewässer. Er ist 720 Meter lang, 240 Meter breit und höchstens 12 Meter tief. Gespeist wird er aus unterirdischen Quellen. Mithilfe des „Geysir", einer Wasserpumpe, wird er künstlich beatmet.*

Durchs Schwarzwildgatter

durchfahren wir das idyllische Obere Aubachtal mit seinen Weiden und Ackerflächen. Am Wegesrand leuchten Kolonien aus gelbblättrigem Weißen Senf, dazwischen stechen immer wieder blauviolette Blüten des Büschelschöns (Rainfarn-Phazelie) hervor. Am nächsten Abzweig, kurz vor den Toren des Kirchdorfs Hochstadt, halten wir uns rechts und folgen dem Radwegweiser Richtung **Seefeld.** Nun geht es ins bewaldete Krontal hinein. Im Wald bleiben wir auf dem Hauptweg, ignorieren alle Abzweige. Wir durchfahren ein umzäuntes, staatlich anerkanntes Schwarzwildgatter, das wir durch Tore und über Wildgitter hinweg betreten und wieder verlassen. Ein Schild weist uns an, die Tore geschlossen zu halten, die Wege nicht zu ver-

Für die Seele

Wir rollen durch idyllische Täler, über bewaldete Hügelrücken, vorbei an Streuwiesen, saftigen Weiden und einer beeindruckend langen uralten Eichenallee.

lassen und das Wild nicht zu füttern. Hunde dürfen nicht in das Gatter! Selbstredend befolgen wir die Vorgaben penibel, ein Wildschwein oder gar mehrere Tiere bekommen wir dennoch nicht zu Gesicht.

Kurz nachdem wir das Gehege verlassen haben, stoßen wir unweit der Werksausfahrt der **3M-Niederlassung** auf die Teerstraße **Espe Platz.** Hier halten wir uns rechts und rollen die abschüssige Straße – zunächst **Am Griesberg,** dann **Uneringer Straße** – nach **Oberalting** hinunter. Zur Rechten haben wir einen schönen Blick über das Aubachtal hinweg auf die Dellinger Höhe. An der **Kirchenstraße** fahren wir links zum **Marienplatz** ③ hinauf. Dort erleben wir ein bauliches Ensemble, wie man es nur von Siedlungen mit langer Tradition kennt und heutzutage kaum mehr findet: Kirche, Gasthaus und Brunnen sind einträchtig vereint. Die das Ortsbild beherrschende **Pfarrkirche St. Peter und Paul** stammt aus dem 15. Jahrhundert, von einer Oberaltinger Kirche ist aber schon um 810 urkundlich die Rede. Wo sich einst ein Anwesen mit Bauernhof und kleiner Metzgerei befand, gesellte sich 1850 ein Wirtshaus hinzu. Heute ist das **Gasthaus Ruf** ❹ mit eigener Metzgerei, urigen Gaststuben und dem putzigen Biergarten vor der Tür eine der ältesten Gaststätten im Fünfseenland. Und den blumengezierten Brunnen neben der Kirche schmückt eine goldfarbene Marienfigur, die im Sonnenlicht das Areal überstrahlt.

Wie eine mittelalterliche Burg erhebt sich hinter dem von Wirtschaftsgebäuden gesäumten äußeren Schlosshof das auf einem Bergsporn ruhende ***Schloss Seefeld.*** *Es befindet sich seit dem 15. Jahrhundert in Besitz der Familie der Grafen zu Toerring-Jettenbach.*

Wir verlassen das rare bauliche Dreigestirn und radeln die **Hauptstraße** entlang, die uns durch **Seefeld** lenkt. Nach einem Kilometer biegen wir links auf die **Graf-Toerring-Seefeld-Straße** ab, die uns zum **Schloss Seefeld** ❺ führt.

Kirche Oberalting

Marienfigur mit Brunnen

Über die Schlossbrücke und durchs Torbogengebäude erreichen wir den äußeren Schlosshof. In der geschichtsträchtigen Kulisse herrscht ein buntes Treiben: Ein Bräustüberl in jahrhundertealten Räumen, ein kleines Kino mit 97 Plätzen, Schmuckateliers, eine Dirndl- und Brautkleidmanufaktur und viele weitere exquisite Geschäfte laden hier zum Stöbern, Shoppen und Verweilen ein.

Weiter geht's. An der Schlossbrücke fahren wir links die **Starnberger Straße** hinunter. Über eine beampelte Kreuzung gelangen wir auf der **Staatsstraße 2070** nach **Hechendorf.** Dabei überqueren wir den renaturierten Aubach, in dessen Tal wir auf dieser Tour schon zweimal geblickt haben, und erhaschen linker Hand einen Gruß vom Pilsensee.

Kurz nach dem Ortschild biegen wir rechts auf den **Aubachweg,** der sich durch artenreiche Flachlandmähwiesen und Weiden schlängelt. Nach einem Kilometer überqueren wir an einem Wegkreuz die Steinebacher Straße (St 2348). Nun folgen wir dem Geh- und Radweg, der zunächst direkt neben der von einer **historischen Eichenallee** ❻ gesäumten **Staatsstraße 2068** verläuft.

*Der **Pilsensee** ist wie alle Seen im Fünfseenland ein Überbleibsel der letzten Eiszeiten. Zunächst war er noch mit dem Ammersee verbunden, weshalb er auch als dessen kleiner Bruder bezeichnet wird. Mit der zunehmenden Verlandung gingen sie getrennte Wege.*

Die **historische Eichenallee,** die von Schloss Seefeld an Oberalting vorbei bis zum Gut Delling verläuft, ist ein bayerisches Kulturdenkmal. Mehr als 720 Eichen bilden ein 2,8 Kilometer langes Spalier – eine der längsten und schönsten Eichenalleen Europas.

Am Hang überm Aubachtal liegt das Dorf **Meiling.** Hier strampeln wir die **Dorfstraße** hinauf, lassen die **St.-Margaretha-Kirche** rechts liegen und erreichen den – 30 Höhenmeter höher als die Eichenallee gelegenen – gemütlichen **Sepperlwirt 7,** eine Kombi aus Gasthof und Landhotel mit Biergarten.

Nach einer Brotzeit kehren wir zur Kirche zurück und biegen links auf den **Dellinger Weg** ein, den wir beim nächsten Abzweig wiederum nach links verlassen. Zwischen Acker- und Grünland geht es nun den Höhenrücken weiter hinauf – etwa 25 Höhenmeter fordern die Muskulatur. An einer **Ruhebank** mit Wegkreuz schauen wir zurück und werden mit einem malerischen **Panoramablick 8** über den Pilsensee hinweg bis zur Alpenkette beschenkt.

Kurz darauf tauchen wir schnurgerade in den Wald Dellinger Buchet ein und folgen dem Radwegweiser Richtung **Weßling.** Nach 1,5 Kilometern entlässt uns

Eichenallee Schwaige Ettenhofen

Ruhebank mit Panoramablick bei Meiling

das Gehölz wieder. Kurz darauf bringt uns eine Brücke sicher über die Staatsstraße 2349. Sodann radeln wir parallel zum Bahndamm und treffen nach 700 Metern auf den **Steinebacher Weg,** dem wir geradeaus nach **Weßling** hinein folgen. Vor uns zeigt sich in etwa 100 Meter Entfernung der gelb getünchte Turm der alten Pfarrkirche Mariä Himmelfahrt mit dem augenfälligen Staffelgiebel. Hier biegen wir links auf den **Max-Doerner-Weg** ab. Nachdem wir die Hauptstraße überquert haben, fahren wir rechts auf dem **Walchstadter Weg** weiter und nach einer Linkskurve rechts auf die **Schulstraße.** Die führt uns an der **Pfarrkirche Christkönig** 9 vorbei, die sich dank ihres markanten Zwiebelturms zum Wahrzeichen der Gemeinde Weßling gemausert hat. Wie ein vom Himmel zäh herabfließender Tropfen Honig krönt seine lang gestreckte Haube die weißen Wände.

Am Ende der Schulstraße stoßen wir auf die **Bahnhofstraße,** auf der wir nach links zum Ausgangspunkt der Tour kommen. Doch bevor wir Weßling wieder verlassen, zieht es uns noch einmal an die Gestade des Weßlinger Sees. Entspannt absolvieren wir in 30 Minuten den Rundweg um das Gewässer, das aus der Vogelperspektive Herzform hat – darauf macht uns eine Infotafel aufmerksam, die uns unterwegs begegnet.

Danach verwöhnen wir uns mit einem kulinarischen Finale. Direkt am Ufer lassen wir uns im Außenbereich vom **Aenishänslin Café am See** ⑩ nieder, genießen leckeren Kuchen und lieblichen Seeblick – kann es Schöneres geben?

Steinebacher Weg

Christkönig Weßling

Weßling
Gautinger Straße
Weßlinger See
Ettenhofener Straße
Neuhochstadt
Ettenhoferholz
Klausbühl
Oberer Aubach
Hochstadt
Weßlinger Straße
Moosgraben
Hauptstraße
St 2068
Wörthsee
Bulachbach
Burgselberg
Steinebach
Wörthsee
Auing
Meiling
Dellinger Weg
St 2348
Wildpark Altinger Buchet
Aubach
Ödenbächl
Inninger Straße
Oberalting
Ueringer Straße
Hechendorf
St 2070
Hauptstraße
Höllgraben
Badbichl
Seefeld
Unering
1
2
3
4
5
6
7
8
9
10

Alles auf einen Blick

WIE & WANN:
Asphaltierte Straßen, Rad-, Schotter-, Wirtschafts- und Waldwege; optimal April bis Mitte Oktober.

HIN & WEG:
Auto: Parkplatz am Bahnhof Weßling, Bahnhofstraße 11, 82234 Weßling (GPS: 48.077100, 11.251581)
ÖPNV: S 8 bis Bahnhof Weßling

ESSEN & ENTSPANNEN:
Wasserberghaeusl ❶ Obere Seefeldstraße 20, 82234 Weßling, Tel. (0 81 53) 8 87 17 88, www.wasserberghaeusl.de
Gasthaus Ruf ❹ Marienplatz 2 a, 82229 Seefeld, Tel. (0 81 52) 7 63 63, www.gasthaus-ruf.de

Entspannung ✱✱✱✱✱
Genuss ✱✱✱✱
Romantik ✱✱✱✱

Sepperlwirt Gasthof & Landhotel ❼ Dorfstraße 35, 82229 Seefeld, Tel. (0 81 53) 34 06, www.sepperlwirt.de
Aenishänslin Café am See ❿ Hauptstraße 59, 82234 Weßling, Tel. (0 81 53) 16 63, www.cafe-wessling.de

ENTDECKEN & ERLEBEN:
Alte Eichenallee ❷
Marienplatz Oberalting ❸
Schloss Seefeld ❺ Graf-Toerring-Seefeld-Straße 11, 82229 Seefeld, Tel. (0 81 52) 72 32, www.schloss-seefeld.com
Historische Eichenallee ❻
Ruhebank mit Panoramablick ❽
Pfarrkirche Christkönig ❾

Kunst am Bau
21 Kilometer
120 Höhenmeter
2,5 Stunden
Rundtour

Unsere Tour beginnt buchstäblich im Angesicht von Elisabeth, Kaiserin von Österreich und Königin von Ungarn – passionierten TV-Konsumenten der bis heute allweihnachtlich wiederholten Kinokassenschlager der 1950er-Jahre ist sie bestens als Sisi bekannt (oder vielmehr „Sissi“, denn die Kinowerbung schrieb den Namen konsequent mit zwei s). Auf dem Vorplatz des historischen **Bahnhofs Possenhofen** steht sie überlebensgroß und bronzeschwer, von schlanker Gestalt, mit vollem Haar und einem Rosenstrauß in der Hand. Die vom Pöckinger Bildhauer Jozek Nowak stammende **Skulptur** begrüßt zwar auch uns Wohlfühlradler, noch mehr aber die Besucher des **Kaiserin-Elisabeth-Museums** ①, das sich hinter ihr im Bahnhof befindet.

Tiefe Schlucht

Zum Maisinger See

Nach dieser royalen Begrüßung verlassen wir den Bahnhofsplatz nach links die Straße **Schlossberg** hinauf (sie wird später zur **Hindenburgstraße**). Etwa einen Kilometer und 30 Höhenmeter später biegen wir links auf den **Piusweg,** der uns an der 1857 errichteten **Pfarrkirche St. Pius** vorbei über den für Fußgänger und Radler freien **Helmut-Ammann-Weg** zur **Hauptstraße** bringt. Wir biegen links auf die **Hauptstraße** und am nächsten Abzweig rechts auf den **Ascheringer Weg.** Dort folgen wir dem Radwegweiser Richtung **Aschering** und der Infotafel **Maisinger See.** Kaum haben wir das letzte Wohnhaus Pöckings passiert, ist die Landstraße von Grün- und Ackerland flankiert. Vorbei an einem Wegkreuz nebst Bank erreichen wir den Kompostplatz Pö-

*Im historischen Bahnhof Possenhofen ist das **Kaiserin-Elisabeth-Museum** untergebracht. In vier Räumen mit Königssalon gibt es einen tollen Überblick über das Leben der Kaiserin – von der Possenhofener Kindheit über die Zeit als Monarchin bis zu ihrem Tod.*

Wegkreuz Ascheringer Weg

cking, vor dem wir rechts in eine namenlose Anliegerstraße abbiegen (Wegweiser: **Neu-Maising/Maisinger See**). Wir unterqueren die Olympiastraße (Bundesstraße 2) und passieren kurz darauf die **Hirtwiesen 2**, die sich linker Hand, von Bäumen gerahmt, wie ein grüner Teppich ausdehnen. Von den Maisinger Bauern wurden sie ursprünglich als Weidefläche, später als Streuwiese genutzt. Als sich die Landwirtschaft modernisierte, überließ man die Hirtwiesen der Natur, was zu starker Verbuschung führte. Vor nunmehr 20 Jahren wurde das Gelände – auf Initiative des örtlichen Naturschutzbundes – als Streuwiese reaktiviert. Aufgrund der einmaligen Mahd im Herbst verwandeln die Wiesenpflanzen seither die Hirtwiesen zur Blütezeit in ein buntes Farbenmeer. Hier findet man unter anderem Frühlingsenzian, Schwertlilie, Mehlprimel und Trollblume.

Wir bleiben auf dem Hauptweg. Er lenkt uns erst durch einen Wald, sodann am Waldrand entlang zu einer schmalen Holzbrücke (Radfahrer absteigen!), die den Fallbach überquert. Der Bach fließt seitlich am Maisinger See vorbei und vereint sich im Schilfgürtel nördlich des Wehrs mit dem Abfluss des Sees zum Maisinger Bach.

Wir radeln nach links durchs Mühlmoos und umkurven den auf einer Anhöhe liegenden Schmaushof, indem wir dem Radwegweiser nach rechts Richtung **Jägersbrunn** folgen. Nach gut einem Kilometer legen wir am Waldrand einen Zwischenstopp ein. Die **Ruhebank** ❸ hält, was sie verspricht: Außer Vogelgezwitscher und im leichten Wind raschelndem Laub ist nichts zu hören, dazu haben wir einen traumhaften Fernblick übers Auwinger Moos hinweg bis zu den Alpen.

Für die Seele

Wir treffen die überlebensgroße Kaiserin Sisi, bestaunen Hirtwiesen, kommen Peter Maffay recht nah, durchfahren das Auwinger Moos und eine Klamm.

Wir durchqueren den Wald, passieren ein Maria-Hilf-Marterl – ein steinerner Bildstock mit Marienfigur – und Grünland. Dann empfängt uns der Weiler **Jägersbrunn,** wo einst die älteste Jugendherberge Bayerns stand und heute die Peter-Maffay-Stiftung eine therapeutische Kinder- und Jugenderholungseinrichtung betreibt. Dahinter biegen wir an der Kreuzung rechts auf den asphaltierten Weg Richtung **Maising.** Von Norden her nähern wir uns dem Maisinger See, der rechter Hand ab und zu zwischen Bäumen zu erkennen ist. Nach etwa einem Kilometer schwenken wir an einem allein stehenden Haus rechts auf einen Schotterweg, der uns am Naturschutzgebiet Maisinger See entlang zum **Maisinger Seehof ④** bringt. Das Lokal liegt zu Füßen des Damms, der den Maisinger See aufstaut. Gleich daneben befindet sich das Wehr, aus dem der Maisinger Bach durch einen dichten Schilfgürtel abfließt. Wir stellen die Räder ab und steigen die Treppe zur Dammkrone hinauf. Vor uns liegt der **Maisinger See ⑤,** seine Ufer von Schilfgürteln gesäumt, Kolonien von Seerosen scheinen sich seitlich in einer Bucht verabredet zu haben.

*Der durch starken Schilfwuchs zunehmend verlandende **Maisinger See,** um 1680 von Mönchen als Fischteich angelegt, ist seit 1939 als Naturschutzgebiet ausgewiesen. Das Moorbiotop ist Lebensraum vieler Vögel und Badesee.*

Gut zwei Dutzend Enten und Gänse tummeln sich auf dem glatten, dunklen Wasser. Kaum vorstellbar, dass der See im Schnitt nur 1 Meter tief ist. An wenigen Stellen können es auch schon mal bis zu 2 Meter sein. Dieser geringe Tiefgang beschert ihm durchaus Vorteile. Denn im Winter, wenn die Temperaturen richtig in den Keller rauschen, zählt der Maisinger See zu den ersten Gewässern, die unter einer geschlossenen Eisdecke liegen. Das ruft Schlittschuhläufer und Eisstockschützen auf den Plan. Nicht anders im Frühsommer, wenn die Temperaturen langsam wieder in die Höhe schnellen: Dann ist der Maisinger See in puncto Baden ganz vorn dabei.

Wir entfernen uns vom Damm, ignorieren zwei Rad- und Wanderwegweiser und fahren links einen Waldweg entlang. Nach einer Brücke mit beidseitigem

Baumschmuck bei Hirtwiesen

Holzgeländer, die über den Fallbach führt, halten wir uns ebenfalls links – zunächst von Wiesen, dann von einer Weide begleitet. Neben uns mäandert der Maisinger Bach durch die Landschaft.

Nach einem kleinen Anstieg biegen wir auf der Kuppe links ab und folgen einem nun abschüssigen Weg, der in den **Mühlleitenweg** übergeht, nach **Maising.** An der Querstraße – hinterm Lattenzaun lacht uns das malerische **Bachweberhaus** ❻ von 1583 an – folgen wir der Beschilderung Richtung **Maisinger Schlucht** zunächst nach rechts und biegen dann nach 200 Metern links auf den **Schluchtweg** ab. Das Sackgassenschild ignorieren wir. Nach wenigen Metern geht es halb rechts auf einem Geh- und Radweg – der sich in diesem Abschnitt mit dem **König-Ludwig-Weg** deckt, einem Fernwanderweg von Berg am Starnberger See nach Füssen im Ostallgäu – in die **Maisinger Schlucht** ❼.

*Über Abertausende von Jahren hat sich der zweitgrößte Zufluss des Starnberger Sees, der Maisinger Bach, auf einer Länge von rund 2 Kilometern stoisch an die 30 Meter tief in Maisings Hügellandschaft gegraben. Das Ergebnis ist die **Maisinger Schlucht.***

Mal rechts, mal links werden wir vom Bachlauf begleitet und dabei von hohen Buchen beschattet, die im Sommer für ein angenehm kühles Mikroklima sorgen. Entlang des mal breiter, mal schmaler verlaufenden Wegs zeigen sich immer wieder bröselige Nagelfluhfelsen, die die langwierigen Schürfarbeiten des Bachs erleichtert haben dürften. Nachdem wir eine Hochbrücke in luftiger Höhe über uns unterquert haben, gehen die dicht bewaldeten Hänge zunehmend auf Abstand, und das Tal öffnet sich.

Am Ende eines Grünstreifens fahren wir links über eine Holzbrücke die **Bismarckstraße** hinauf. Nach einer Schranke, die Autos an der Durchfahrt zur Schlucht hindert, biegen wir rechts auf einen schmalen Schotterweg ein. Er bringt uns an idyllischen Wiesen, kleinen Biotopen und einer Kapelle (in Privatbesitz) vorbei zum **Wasserwerk Starnberg.** Wir fahren rechts die **Maisinger-Schlucht-Straße** entlang, biegen an der querenden **Söckinger Straße** wiederum nach rechts. An einer beampelten Kreuzung fahren wir geradeaus über die Weilheimer Straße hinweg und schwenken

Maisinger Schlucht

sofort rechts in die **Dinardstraße** ein. Kurz darauf geht es rechts den **Lindenweg** hoch, hier müssen wir kräftig in die Pedalen treten. Dann gibt es ein Wiedersehen mit der **Weilheimer Straße,** die wir nach links auf dem Radweg begleiten. Nach 400 Metern kehren wir ihr den Rücken zu und fahren links den **Prinzenweg** hinauf, wo wir einen schönen **Blick über den Starnberger See** **8** haben. Nach etwa einem Kilometer rollen wir auf Höhe des Ernst-Heimeran-Wegs links einen schmalen Geh- und Fußweg hinunter und stoßen auf die **Wilhelmshöhenstraße,** an der wir uns nach rechts orientieren. Nach 400 Metern fahren wir, dem Radwegweiser nach links Richtung **Possenhofen** folgend, auf den **Oberen Seeweg,** der uns über die hier zweigleisige Trasse der Bahnstrecke München–Garmisch führt. Am nächsten Abzweig biegen wir scharf rechts auf den **Moritz-von-Schwind-Weg** ab, der an seinem Ende

Biotop

nahtlos und schnurgerade in einen Forst- und Wirtschaftsweg übergeht. Der leitet uns in und durch den Possenhofener Wald, bis er uns nach 2,5 Kilometern nur einen Steinwurf vom historischen Bahnhof Possenhofen entfernt wieder entlässt. Bis dahin bleiben wir auf dem Hauptweg und folgen den Radwegweisern immer Richtung **S-Bahn Possenhofen.**

Nachdem wir einen etwa 300 Meter langen Parkplatz im Wald passiert haben, knickt der Weg links ab. Kurz danach biegen wir nach rechts – zwischen einer zweiteiligen, versetzt stehenden Wegsperre hindurch – auf einen zunehmend ansteigenden Weg. Rechts hinter der Sperre steht erneut ein Wegweiser Richtung S-Bahn Possenhofen. Irgendwann geht uns die Puste aus, sodass wir die Räder ein kleines Stück schieben. Am Ende treffen wir auf die Straße **Schlossberg** (Achtung: Sie ist talwärts wegen einer Kurve schlecht einsehbar!). Wir überqueren sie und stehen auf dem Vorplatz des Bahnhofs – und werden von Sisi begrüßt.

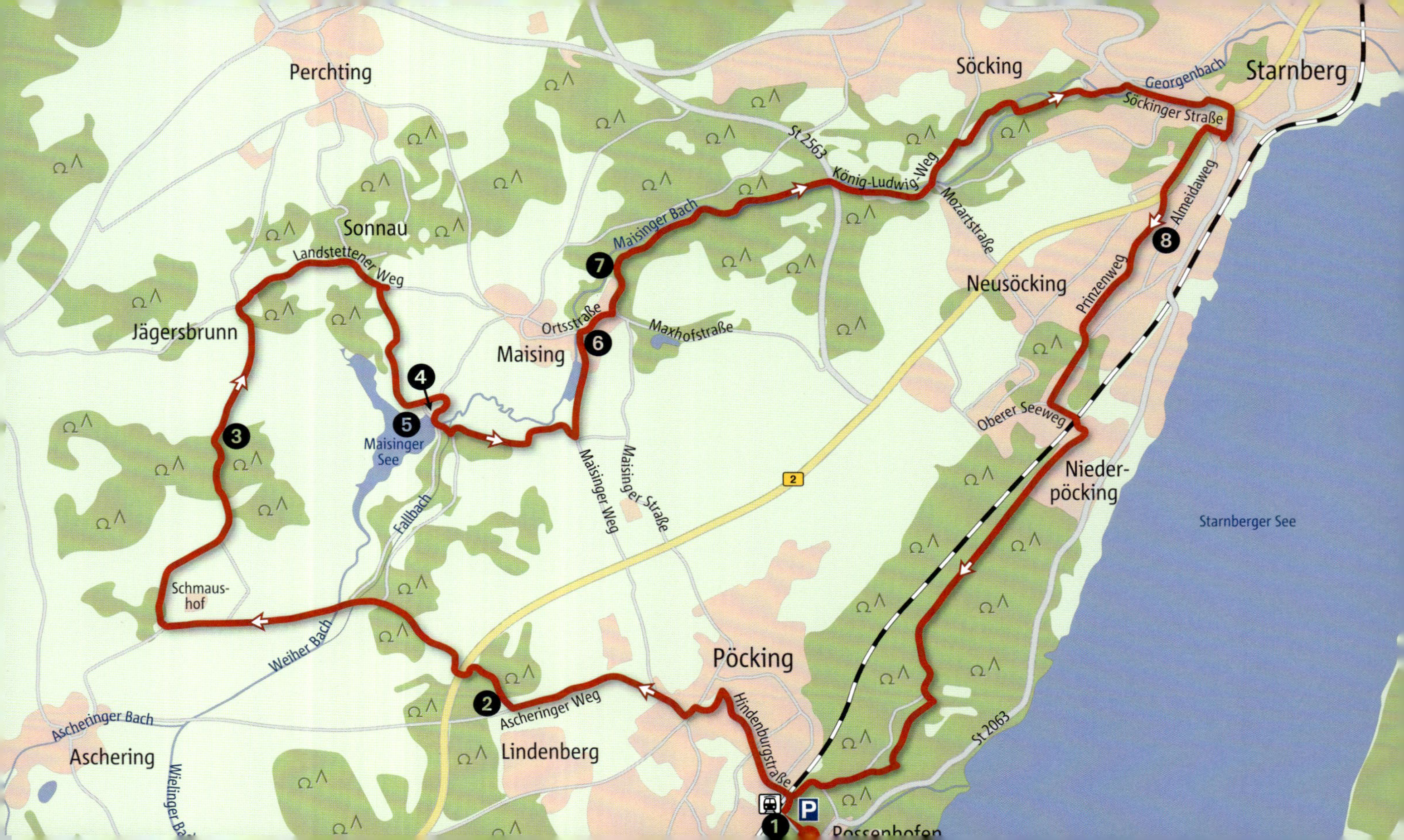

Perchting
Söcking
Starnberg
Georgenbach
Söckinger Straße
St 2563
König-Ludwig-Weg
Mozartstraße
Almeidaweg
8
Sonnau
Maisinger Bach
7
Neusöcking
Prinzenweg
Landstettener Weg
Jägersbrunn
Ortsstraße
Maxhofstraße
6
Maising
4
5
Maisinger See
3
Oberer Seeweg
Maisinger Weg
Maisinger Straße
2
Fallbach
Nieder-
pöcking
Starnberger See
Schmaus-
hof
Weiher Bach
Pöcking
Ascheringer Weg
Hindenburgstraße
Ascheringer Bach
Aschering
Lindenberg
St 2063
1
P

WIE & WANN:
Asphaltierte Straßen, Rad-, Schotter-, Wirtschafts- und Waldwege; optimal April bis Mitte Oktober.

HIN & WEG:
Auto: Parkplatz am Bahnhof Possenhofen, Schloßberg 4, 82343 Pöcking (GPS: 47.962088, 11.307219)
ÖPNV: S 6 bis Bahnhof Possenhofen

ESSEN & ENTSPANNEN:
Maisinger Seehof ❹ Seestraße 14, 82343 Pöcking, Tel. (0 81 51) 74 42 42, www.maisingerseehof.de

Entspannung ✱✱✱✱✱
Genuss ✱✱✱ (3 von 5)
Romantik ✱✱✱✱✱

ENTDECKEN & ERLEBEN:
Kaiserin-Elisabeth-Museum ❶ Kaiserin Elisabeth Museum Possenhofen e. V., Schlossberg 2, 82343 Pöcking, www.kaiserin-elisabeth-museum-ev.de
Hirtwiesen ❷
Ruhebank mit Panoramablick ❸
Maisinger See ❺
Bachweberhaus ❻
Maisinger Schlucht ❼
Blick über den Starnberger See ❽

- 20 Kilometer
- 170 Höhenmeter
- 2,5 Stunden
- Rundtour

Holzskulptur „Lebensfreude“

Diese Tour schöpft aus dem Vollen. Sie fährt alles auf – wie unter einem Brennglas –, was das Fünfseenland so unwiderstehlich macht: Stadt- und Landluft, See- und Alpenblick, bewaldete Steilhänge und weitläufige Wiesen. Nicht zu vergessen: Kirchen, Wegkreuze und Biergärten.

Auf geht's, auffi geht's! Wir starten in Herrsching am Ammersee am Bahnhof, passieren den Bahnhofsplatz und gelangen auf der Straße **Zum Landungssteg,** die wir nach rechts auf die **Seestraße** verlassen, zur **Seepromenade,** direkt neben dem Dampfersteg Herrsching. Es ist früh am Morgen, die Zahl der Besucher und Flaneure hält sich noch in Grenzen. Vor uns breitet sich der Ammersee aus, ein wenig meergleich. Am

Heiliger Berg

Kernige Kloster-Andechs-Runde

jenseitigen Ufer leuchtet das Marienmünster Mariä Himmelfahrt, die ehemalige Stiftskirche des Augustiner-Chorherrenstiftes Dießen, am südlichen Horizont triggern uns die imposanten Berge. Der blau schimmernde See, der weiß-blaue Bayernhimmel – ein perfekter Tag!

Ehrlich gesagt würden wir gern hierbleiben, aber man sieht sich ja auf der Rückfahrt wieder.

Also schwingen wir uns auf den Sattel und radeln nach links auf der Seepromenade weiter – vorbei an der kunterbunten Strandbar **Bayrische Brandung ①, Matos Fischladen ②** und weiteren Lokalen. Vorm **Restaurant Seespitz** biegen wir links ab und stoßen nach einem kurzen Anstieg auf die **Mühlfelder Straße.** Dort folgen

*Das malerische **Schloss Mühlfeld** mit Zwiebelturm diente 1597 bis 1803 als Sommersitz der Benediktinermönche vom Kloster Andechs. Mittlerweile ist das Mitte des 16. Jahrhunderts von Herzog Albrecht V. von Bayern erbaute Gebäude in Privatbesitz.*

*Das Holz der seltenen **Elsbeere,** die Sonne liebt, ist eines der edelsten der Welt. Die Elsbeere ist besser an warmes Klima angepasst als Fichten und Buchen. Im Fünfseenland gibt es etwa 600 Exemplare, das bedeutendste Vorkommen südlich der Donau.*

wir dem Radwegweiser nach rechts Richtung **Andechs.** In Sichtweite eines Kreisverkehrs geht es halb rechts auf einen Geh- und Radweg, der uns am pittoresken **Schloss Mühlfeld** ③ vorbei auf den die Straße **Mühlfeld** begleitenden Radweg bringt.

Wir treffen auf das Ortsschild **Wartaweil,** unter dem ein kleiner, leicht zu übersehender Wegweiser Richtung **Andechs** hängt. Wir wechseln die Straßenseite und folgen dem Radwegweiser Richtung **Andechs/Starnberg** in den Wald. Auf den nächsten 3,5 Kilometern überwinden wir etwa 120 Höhenmeter. Das klingt herausfordernd, ist aber machbar. Der Schotterweg verläuft weitgehend leicht ansteigend mit flacheren Zwischenphasen. Und obwohl unsere Kondition nicht in Bestform ist, schaffen wir den Anstieg, ohne ein einziges Mal zu schieben. Dafür legen wir aber mehrere Zwischenstopps ein, in denen wir kurz verschnaufen, auf Spuren des verschwundenen Dorfs **Ramsee (Infotafel)** stoßen, auf einer Ruhebank dem Plätschern des Mühltalbachs lauschen und auf einer **Infotafel** etwas über den Baum namens **Elsbeere** erfahren, eine Rarität im Fünfseenland, die in diesem Wald wächst.

Erlinger Flur

Landesteg Herrsching

Für die Seele

Zwischen Herrsching, Andechs und Frieding erleben wir auf engstem Raum alles, was Landschaft, Kultur und Lebensart des Fünfseenlands liebenswert macht.

Für eine gute Orientierung im Wald nach Andechs ist gesorgt, mehrere Radwegweiser verhindern ein Abkommen vom Kurs. Nach einer Stunde „Aufstieg" erreichen wir die **Herrschinger Straße,** auf die wir rechts einbiegen. Leicht ansteigende 600 Meter weiter befinden wir uns auf der Erlinger Höhe. Der anstrengende Teil der Radltour gehört der Vergangenheit an, ab sofort warten nur noch weitere sehenswerte Schmankerl auf uns. Rechter Hand vom Ortsschild **Erling** sehen wir das erste, die **Holzskulptur „Lebensfreude"** vom Essener Künstler Roger Löcherbach, die er 2002 anlässlich des ersten Symposiums „Kunst und Bier" bei Kloster Andechs gefertigt hat.

Sodann rollen wir in den Ort hinunter und halten am **Hotel zur Post** an der **Starnberger Straße,** ein denk-

__„Kunst und Bier"__ ist ein öffentlicher Künstlerwettbewerb, den es seit nunmehr 20 Jahren gibt. Die Gewinner fertigen in Andechs auf der Wiese unterhalb des Klosters ihre Objekte, die sie mindestens für zwei Jahre im Kloster- und Gemeindegebiet ausstellen.

Skulptur am Kloster Andechs

malgeschützter Halbwalmdachbau aus dem 18. Jahrhundert. Hier gibt es auch sonst viel Historie zu bestaunen. Gleich neben dem Hotel steht eine 2009 errichtete Betonsäule zur Erinnerung an die Römerstraße, die vor rund 2000 Jahren von Kempten kommend über Erling und Gauting nach Salzburg führte. Gegenüber befinden sich zwei weitere Baudenkmäler: die **Pfarrkirche St. Veit** ④, ein im Kern spätmittelalterlicher Bau, und zu ihren Füßen die alte **Dorfschmiede** mit der Jahresangabe 1470 im Giebel (die Denkmalliste datiert den Bau allerdings in die erste Hälfte des 19. Jahrhunderts). Gleich daneben erhebt sich ein Maibaum. Eine schöne Kulisse – wie aus dem Bilderbuch.

Genug geschwelgt, das **Kloster Andechs** ⑤ ruft.

Den „Heiligen Berg", auf dem es weithin sichtbar thront, erreichen wir auf der **Andechser Straße** nach 1 Kilometer. Als wir uns nähern, wird uns schlagartig bewusst: Wir sind nicht länger allein. Auf dem Park-

*Das **Benediktinerkloster Andechs** ist der älteste Wallfahrtsort Bayerns: erste Erwähnung 1080, Wallfahrtskirche seit 1423, Kloster seit 1455. Es erhält keine Mittel aus der Kirchensteuer und ist auf Einnahmen durch die hauseigene Brauerei angewiesen.*

Skulptur „Zapfhahn"

platz stehen Busse, die Ausflugsgesellschaften hergeschafft haben, Pkws, Motorräder, Fahrräder und sogar zwei Caravans. Trotzdem ist der Besuch lohnend: Wallfahrtskirche, Klostergasthof, **Bräustüberl** 5 mit Terrasse, Biergarten, Klosterladen und noch vieles mehr begrüßen die Besucher. Da wir das Kloster Andechs bestens kennen, lassen wir uns auf einer Ruhebank an der Wiese unterhalb des Klosters nieder. Wir packen die mitgebrachte Brotzeit aus, lassen den lieben Gott nach Belieben einen guten Mann oder eine gute Frau sein und genießen mucksmäuschenstill die angenehme Gesellschaft: Hier befinden sich die Hochbeete des Andechser Kräutergartens, für die Besucher als Lehrgarten angelegt. Zudem bestaunen wir die über die Wiese verteilten Skulpturen, einige davon die Gewinner des Wettbewerbs „Kunst und Bier 2022", darunter die „Bierkönigin" von Gabriele Köbler, die rund 1,80 Meter große Holzplastik „Zapfhahn" von Tim Weigelt und die 2 Meter hohe Plastik aus Eiche von Markéta Váradiová, (Bier-)„Schaum" betitelt. Welch ein Augenschmaus.

Nach dieser ganzheitlichen Labsal schwingen wir uns auf die Räder und fahren seitlich am Parkplatz vorbei auf dem **Birkenmoosäckerweg** durch die Erlinger Flur – erst am Endermoos entlang, dann an der Frauenbreite: Rapsfelder, Wiesen, Ackerland. Wiederholt schauen wir zurück, sehen in weiter Ferne die Alpenkette, von einer Dunstglocke verschleiert, und den Heiligen Berg. Das Kloster Andechs liegt erhöht auf einem Hügel und überragt seine Umgebung – nicht himmelhoch, aber deutlich. Man hat den Eindruck, es würde schweben.

An einer Bauminsel mit Flurkreuz halten wir uns links und fahren eine sanft ansteigende Anhöhe hinauf, danach geht es sanft hinunter. Wir folgen dem Radwegweiser zunächst am Waldrand entlang, dann durch Wiesen und Felder geradeaus bis nach **Frieding.** Der berühmteste Sohn des Pfarrdorfs ist der bayeri-

Blick auf Kloster Andechs

*Das malerische **Kurparkschlösschen,** ein 1888 erbautes Landhaus mit Eckturm, Loggia und Terrasse mit Freitreppe, wird vom Kulturverein Herrsching e. V. für Veranstaltungen genutzt. Privatpersonen können es für Hochzeitsfeiern, Seminare oder Ausstellungen mieten.*

sche Volksdichter Georg Queri („Kraftbayrisch"), der mit seinen Büchern Anfang des 20. Jahrhunderts viel Staub aufwirbelte. Das Haus, in dem einst seine Wiege stand, beherbergt heute den Gasthof **Oberer Wirt zum Queri 6.** Wir erreichen Dorfzentrum und Wirt, indem wir uns am **Florianweg** links orientieren. Wer bayerische Geselligkeit, Lebensart und hochwertiges Fleisch von artgerecht gehaltenen Rindern mag, ist hier goldrichtig.

Weil das Lokal zu unserem Bedauern Ruhetag hat, drehen wir links (vom Gasthaus aus wäre es rechts) auf die **Herrschinger Straße** ab, auf der wir Frieding Ade sagen. Sodann bringt uns die **Schmidschneiderstraße** – wir rollen mehr, als wir in die Pedale treten – am Ende serpentinenartig ins 120 Höhenmeter tiefer gelegene **Herrsching.** Im spitzen Winkel treffen wir auf die **Luitpoldstraße,** der wir stadteinwärts folgen. Bei der vierten Möglichkeit biegen wir links auf die **Mühlfelder Straße** und 300 Meter weiter rechts auf die **Seestraße,** die uns beim Dampfersteg Herrsching auf die **Seepromenade** entlässt. Hier gibt's das zu Beginn der Tour versprochene Wiedersehen.

Doch statt nach links radeln wir jetzt nach rechts und durchfahren im Schneckentempo den Kurpark, ganz in Ufernähe – vorbei am **Kurparkschlösschen 7.**

Einen Steinwurf entfernt, direkt an der Seepromenade, lädt der **Rosenpavillon 8** zum Verweilen ein. Vor allem während der Rosenblüte verwandelt er sich in ein idyllisches Plätzchen, an dem man farbenfrohe Sonnenuntergänge bewundern kann.

Es geht über den Kienbach und dann auf der **Keramikstraße** bis zur **Madeleine-Ruoff-Straße.** In diese biegen wir rechts ein, um sie kurz darauf vor der Erlöserkirche links auf den **Ravina-Romagnano-Weg** zu verlassen. Am Bahnhof schieben wir die Räder über die Bahngleise – und schon sind wir da. Das war's. Ein schöner Tag!

Kurparkschlösschen in Herrsching

Pilsensee
Widdersberg
Herrschinger Moos
Frieding
6
Lochschwab
Rieder Straße
Fischbach
Seefelder Straße
Schmidschneiderstraße
Herrschinger Straße
Hartstraße
Galgen-bühl
8
7
Seestraße
Ammersee
Seepromenade
1
2
Herrsching am Ammersee
Mühlfeld
3
Hofweg
Warta-weil
Kienbach
Rothenfelder Forst
Birkenmoosäckerweg
5
St 2067
Mühltalbach
Andechs
4
Starnberger Straße
Herrschinger Straße
Machtlfinger Straße
Erling
Bäckerbichl
Ramseestraße
Fischener Straße

Alles auf einen Blick

WIE & WANN:
Asphaltierte Haupt- und Nebenstraßen, Ufer-, Rad- und Forstwege; optimal April bis Mitte Oktober.

HIN & WEG:
Auto: Parkplätze am Bahnhof, Ladestraße, 82211 Herrsching am Ammersee (GPS: 47.999544, 11.171137)
ÖPNV: S 8 bis Bahnhof Herrsching

ESSEN & ENTSPANNEN:
Bayrische Brandung ❶ Seepromenade, 82211 Herrsching am Ammersee
Matos Fischladen ❷ Seepromenade, 82211 Herrsching am Ammersee, Tel. (0 81 52) 13 75

Entspannung ✱✱✱✱✱
Genuss ✱✱✱✱
Romantik ✱✱✱✱✱

Andechser Bräustüberl ❺ Bergstraße 2, 82346 Andechs, Tel. (0 81 52) 37 62 61, www.andechs.de
Oberer Wirt zum Queri ❻ Georg-Queri-Ring 9, 82346 Andechs-Friding, Tel. (0 81 52) 9 18 30, www.queri.de

ENTDECKEN & ERLEBEN:
Schloss Mühlfeld ❸
Pfarrkirche St. Veit und Dorfschmiede ❹
Kloster Andechs ❺ siehe Essen & entspannen
Kurparkschlösschen ❼
Rosenpavillon ❽

Schiffsanleger Ambach

- 38 Kilometer
- 200 Höhenmeter
- 3,5 Stunden
- Rundtour

Die Tour von Starnberg nach Ambach, von dort via Schiff nach Tutzing, von dort weiter nach Possenhofen und zurück nach Starnberg ist wie eine mit wunderschönen Preziosen prall gefüllte Schatulle. Um jedem Schmuckstück gerecht zu werden, müsste man den Parcours mehrfach absolvieren. Ob er oder sie das macht, darf jede und jeder für sich entscheiden.

Wir starten am Bahnhof in Starnberg, radeln stadteinwärts den **Bahnhofsplatz** entlang und gelangen nach Unterqueren der Bahngleise unweit des Schiffsanlegestegs auf die **Starnberger Seepromenade** ❶.

Und schon stockt uns der Atem. Was wir sehen, ist unfassbar schön: Vor uns ruht der Starnberger See, der bis zu den Alpen zu reichen scheint. Wasser und Himmel sowie der Raum dazwischen leuchten in allen Schattierungen von Blau.

Wir orientieren uns auf der Promenade links und schieben unsere Räder, um keinen der vielen Fußgänger zu gefährden – und auch uns selbst nicht, denn der Panoramablick nach Süden fesselt uns. Erst am **Münchner Ruder-Club** von 1880, Stammsitz eines der traditionsreichsten Rudervereine in Bayern, steigen wir aufs Rad, durchfahren den kleinen **Bucentaurpark** und folgen dem **Nepomukweg** am Seebad Starnberg vorbei bis zur hölzernen **Nepomukbrücke.** Sie überquert die Würm, den einzigen Abfluss des Starnberger Sees. Weil die Brücke keine Fahrradspur hat, tragen wir die Räder kurzerhand darüber. (Es gäbe auch die Alternative, am Seebad Starnberg der **Strandbadstraße** bis zur

*Der **Starnberger See,** bis 1962 Würmsee genannt, ist mit knapp 20 Kilometer Länge und bis zu 4,7 Kilometer Breite der fünftgrößte See Deutschlands und nach dem Chiemsee der zweitgrößte Bayerns. Seit 1987 ist er Landschaftsschutz-, seit 2000 Vogelschutzgebiet.*

Blaue Ufernähe

Starnberg via Ambach und Tutzing

Hafen Starnberg

Münchner Straße – B 2 – zu folgen, dort rechts auf dem Radweg die Würm zu überqueren und unmittelbar nach der Brücke rechts auf einen schmalen Weg abzubiegen, der in den **Schiffbauerweg** übergeht.)

Nachdem wir eine Grünfläche umrundet haben, fahren wir nach rechts auf die **Seestraße,** um sogleich wieder rechts auf den **Schiffbauerweg** zu gelangen. Fortan halten wir uns rechts und durchfahren das ausgedehnte **Badegelände Percha,** das fast 1 Kilometer misst. Schon bald zweigt der Uferweg links ab. Wir steigen ab, schieben die Räder zwei Treppen hinauf und setzen die Fahrt rechts auf dem Uferweg fort, immer dem Radwegweiser folgend. Nach 700 Metern geht der Uferweg in die **Seestraße** über, auf der wir nach einem Kilometer das **Strandhotel Berg** erreichen. Davor befindet sich eine kleine, zum Ufer abfallende **grüne Oase** ②. Sie ist der einzige öffentliche Zugang der Gemeinde Berg zum See und wurde 2020 nach zähem Ringen im Gemeinderat erkämpft. Wir legen eine kurze Pause ein, setzen uns auf die Natursteine am Ufer und genießen die wärmenden Sonnenstrahlen und den malerischen Ausblick. Danach radeln wir die **Seestraße** weiter, die nach einer Linkskurve ansteigend in die **Wittelbacherstraße** übergeht, und folgen der Beschilderung Richtung **Votivkapelle.** Kurz darauf halten wir uns halb rechts und gelangen auf dem zunächst gepflasterten Gässchen **Am Hofgarten** in den dicht bewaldeten **Schlosspark.** Schließlich stehen wir oberhalb der **Votivkapelle** ③ zum Gedenken an

Schloss Berg, der letzte Aufenthaltsort von Märchenkönig Ludwig II., ist zwar nicht zugänglich, dafür aber der Schlosspark mit der zu seinem Gedenken erbauten ***Votivkapelle.*** *In Ufernähe markiert ein Seekreuz die Stelle, wo er 1886 leblos im Wasser lag.*

Für die Seele

Malerische Ausblicke über den See, denkmalgeschützte Villen, reizvolle Uferpromenaden, einladende Strandbäder und Wirtshäuser sind unsere Wegbegleiter.

Fischereihofladen & Bootsverleih Sebald

König Ludwig II. von Bayern. Ein Blick (durchs Gitter) in die Gedächtniskirche ist lohnend.

Die Decke des achteckigen Kuppelbaus zeigt einen dunkelblauen, mit leuchtenden Sternen übersäten Himmel. Unterhalb der Kapelle steht in einem Kiesbett die von der Königinmutter gestiftete frei stehende Totenleuchte, dahinter im seichten Uferbereich ein schlichtes Seekreuz. Am Todestag des Regenten am 13. Juni findet hier alljährlich eine Gedenkmesse statt, dann geben sich festlich gekleidete Königstreue mit blauen Fahnen ein Stelldichein.

Wir verlassen den Schlosspark geradeaus auf die **Assenbucher Straße** und halten uns die nächsten 11 Kilometer möglichst in Ufernähe. Dieser Streckenabschnitt ist meist dicht bewachsen und schön schattig. Wir radeln durch **Leoni** hindurch, wo wir linker Hand das empfehlenswerte **Hofcafé des Fischermeisters Gastl** ④ mit Sonnenterrasse streifen. Im zugehörigen **Hofladen** gibt es selbst gefangenen und verarbeiteten Fisch – einfach köstlich. Zwischen Leoni und Ammerland beeindruckt uns eine Reihe herrschaftlicher Villen, die weitgehend um 1900 entstanden und längst denkmalgeschützt sind. Auf Infotafeln am Wegesrand lernen wir die Geschichte der verschiedenen Gebäude kennen.

Im Kirchdorf **Ammerland** kehren wir im **Fischereihofladen & Bootsverleih Sebald** ⑤ ein. Im Biergarten finden wir ein schattiges Plätzchen und lassen uns hausgemachten Kuchen und Johannesbeerschorle schmecken.

Wir setzen die Tour fort, passieren Seeheim und erreichen schließlich **Ambach.** Gegenüber vom urgemütlichen **Gasthaus Zum Fischmeister** ⑥ befindet sich der Schiffsanlegesteg, von dem aus wir mit dem Schiff nach Tutzing übersetzen. Um die Wartezeit, bis die MS Seeshaupt Ambach anfährt, zu überrücken, schlendern wir die Seeuferstraße zurück und nehmen zwei Attraktionen in Augenschein: die 1873/74 erbaute

*Das **Ungarische Tor,** 5 Meter hoch und breit, ist eine Augenweide: holzgeschnitzt, mit grünen Blättern, gelben und roten Blumen verziert. Es gehört zur dahinterliegenden Villa, in der bis 1940 der Schriftsteller Waldemar Bonsels („Biene Maja") lebte.*

Kapelle Ambach 7 mit ihrem neugotischen kleinen Saal und dem spitzen Turm und gleich daneben das überaus prachtvolle farbenfrohe **Ungarische Tor** 8.

Und da noch Zeit für ein Haferl Kaffee bleibt, kommt uns das putzige **Kiosk-Café SeeLiebe** 9 gerade recht. Während Radfahrer an uns vorbei den Seeuferweg entlangrollen, genießen wir den Haferl-Kaffee auf mit fröhlich-bunten Kissen gepolsterten Stühlen.

Danach schippern wir auf der MS Seeshaupt – 60 Meter lang, 12,50 Meter breit, Baujahr 2012 – über den Starnberger See. Die Räder stehen auf dem Vordeck, wir entspannen auf dem Sonnendeck in Liegestühlen. Der Ausblick ist wunderschön: gen Süden über den See und Seeshaupt hinweg, um sich am Horizont in den Falten des Alpenbands zu verfangen.

Nach 30 Minuten gehen wir in **Tutzing** von Bord und werden an der **Schlossstraße** von der unübersehbaren, golden schimmernden Patrona Bavariae willkommen geheißen. Die **Mariensäule** ist seit 1712 eines der Wahrzeichen Tutzings. Damals herrschte ein brutaler Krieg. Es ging um die spanische Krone, mit der die Herrscherhäuser der Bourbonen, Habsburger und Wittelsbacher liebäugelten. Wie durch ein Wunder blieb die Seegemeinde verschont. Aus Dankbarkeit errichtete man eine hölzerne Marienstatue, die 170 Jahre später durch die heutige Patrona Bavariae ersetzt wurde. Jedes Jahr im Mai ist sie Mittelpunkt der örtlichen Marienandachten.

Wir halten uns rechts und fahren über die **Marienstraße** in den Fuß- und Radweg **Brahmsweg** (später **Ebersweg**), der uns an Bootshäusern und Liegewiesen vorbei durch eine hübsche Parkanlage leitet. Unterwegs lassen wir das **Johannes-Brahms-Denkmal** (der Komponist war 1873 zur Sommerfrische in Tutzing) und das **Restaurant Midgardhaus – Augustiner am See** rechts liegen und kommen zum **Nordbad Tutzing** 10, eine Badestelle, zu der das Surf-, SUP- und Segelcenter sowie das **Seerestaurant** gehören. Es ist sehr heiß, wir

Ungarisches Tor

haben Durst – kurzum, wir kehren erneut ein und laben uns am kalten (alkoholfreien) Radler.

Und weiter geht's! Wir folgen den Radwegweisern Richtung **Garatshausen.** Wo der Ebersweg links in die Hans-Albers-Straße abknickt, fahren wir geradeaus in den schmalen **Hans-Albers-Weg.** Rechter Hand auf dem Gelände liegt (nicht einsehbar) eine Villa nebst Bootshaus. Der Volksschauspieler Hans Albers hat das Areal 1933 gekauft und nach seinem Tod seiner Lebensgefährtin Hansi Burg vermacht, die es 1971 an den Freistaat verkaufte. Jüngst hat die TU München den Zuschlag für die Nutzung des Geländes erhalten, von dem ein Teil dauerhaft für die Öffentlichkeit zugänglich bleiben soll.

*Die 2,56 Hektar große **Roseninsel** mit Garten- und Parkanlagen, in denen ein Casino genanntes Schlösschen liegt, ist die einzige Insel im Starnberger See. Man erreicht sie mit einem flachen Holzboot (Zille) vom Glockensteg aus (Fährbetrieb: Mai bis September).*

Wir radeln geradeaus weiter und kommen an einem Altenheim vorbei auf den **Seeuferweg,** der uns immer in Ufernähe durch den Feldafinger Uferpark, auch Lenné-Park genannt, lenkt. Wir passieren die **Roseninsel ⑪** und kommen zum **Erholungsgelände Possenhofen.**

Unterwegs machen wir mehrmals Halt, um uns an den prachtvollen Ausblicken zu erfreuen: auf den See, die Alpenkette und (über eine Hecke hinweg) auf das weltberühmte **Schloss Possenhofen ⑫,** in dem Kaiserin Elisabeth von Österreich, bekannt als „Sisi", in ihrer Jugendzeit die Sommermonate verbrachte.

Am Ende des Erholungsgeländes biegen wir rechts auf die viel befahrene **Staatsstraße 2063** (erst **Ferdinand-von-Miller-Straße,** dann **Possenhofener Straße**) ein, der wir 3,2 Kilometer bis zur Bahnunterführung in **Starnberg** folgen. Unmittelbar vor der Unterführung biegen wir rechts in den **Unteren Seeweg** ab, der beim **Münchener Ruder- und Segelverein „Bayern"** in die **Seepromenade** übergeht. Nur einen Steinwurf von Hugo's Beach Club entfernt befindet sich ein hölzerner **Rettungssteg ⑬.** Dort harren einige Sonnenanbeter geduldig der erwünschten Körpertönung. Jeder, wie er mag – uns zieht es nach dieser entspannten und schönen Tour ins

Baden am Rettungssteg neben Hugo's Beach Club

erfrischende Wasser des Starnberger Sees. Klamotten aus, Badesachen an. Am Ende des Stegs führt eine Leiter (Vorsicht: Rutschgefahr!) ins Wasser. Die Luft ist warm, das Wasser kalt, die Erfrischung stellt sich sofort ein.

Nach dem Badestopp passieren wir erst den Beach Club, dann die Seebar Starnberg, die Eisdiele See Promenade und mehrere Bootsverleihe. Kurz darauf erreichen wir wieder den **Schiffsanleger Starnberg.** Zum Schluss lassen wir noch einmal in einem großen Finale den Blick über den See schweifen. Danach queren wir erneut die Bahnunterführung zum **Bahnhofsplatz** und radeln zum Ausgangspunkt zurück. Den Kopf voller Bilder – ganz großes Kino!

Öffentlicher Zugang zum See in Berg

Starnberg
Söcking
952
Percha
Maisinger Bach
St 2063
Neusöcking
Lüßbach
Münchner Straße
Kempfenhausen
2
Pöcking
St 2063
Lindenberg
Berg
Assenbucher Straße
St 2065
Possen-
hofen
Leoni
Kreuzweg
Assenbuch
Feldafing
Starzenbach
Allmannshausen
Nördliche Seestraße
Garatshausen
Deixlfurter
See
Tutzing
Hauptstraße
Starnberger See
Münsing
Ammerland
Südliche Seestraße
Unterzeismering
Holzhausen
am Starnberger See
Höhen-
rieder
Park
Seeheim
Degerndorf
Fürstenberg
Bernried am
Starnberger See
Kuglmühlbach
Ambach

Alles auf einen Blick

WIE & WANN:
Asphaltierte Rad- und Uferwege, Schotter- und Waldwege, 3,2 Kilometer Staatsstraße; wegen der Überfahrt Ambach–Tutzing nur während der Schifffahrtsaison von Anfang April bis Mitte Oktober möglich, www.seenschifffahrt.de/de/starnberger-see.

HIN & WEG:
Auto: Parken am Bahnhof Starnberg, Bahnhofplatz, 82319 Starnberg (GPS: 47.997376, 11.346273)
ÖPNV: S 6 bis Bahnhof Starnberg

ESSEN & ENTSPANNEN:
Fischermeister Gastl, Hofcafé und Hofladen ❹ Assenbucher Straße 41, 82335 Berg-Leoni, Tel. (0 81 51) 56 27, www.fischermeister-gastl.de
Fischerei & Bootsverleih Sebald ❺ Nördliche Seestraße 22, 82541 Münsing, Tel. (0 81 77) 91 32, www.bootsverleih-fischerei.de
Gasthaus Zum Fischmeister ❻ Seeuferstraße 31, 82541 Münsing-Ambach, Tel. (0 81 77) 5 33, www.zumfischmeister.com
Kiosk und Café SeeLiebe ❾ Seeuferstraße 29, 82541 Münsing, Tel. (0 15 20) 6 20 44 07
Nordbad Seerestaurant ❿ Nordbadstraße 1, 82327 Tutzing, Tel. (0 81 58) 68 19, www.nordbad.de

ENTDECKEN & ERLEBEN:
Starnberger Seepromenade ❶ **Grüne Oase in Berg** ❷
Votivkapelle ❸ **Kapelle Ambach** ❼
Ungarisches Tor der Waldemar-Bonsels-Villa ❽ Seeuferstraße, 82541 Münsing-Ambach
Nordbad Tutzing ❿
Roseninsel ⓫ www.roseninsel.bayern
Schloss Possenhofen ⓬
Rettungssteg mit Leiter, Badestelle ⓭

Entspannung ✱✱✱✱✱
Genuss ✱✱✱✱✱
Romantik ✱✱✱✱✱

Holzbrücke über Wasserarm

- 18 Kilometer
- 100 Höhenmeter
- 2 Stunden
- Rundtour

Die Osterseen südlich vom Starnberger See zwischen Seeshaupt und Iffeldorf sind eine Seengruppe aus etwa 20 meist kleineren, stark verlandeten Gewässern. Seinen Namen verdankt das Seenband dem größten Einzelgewässer, in dem sogar fünf Inseln (Holzau, Marien-, Steiger-, Rosen- und Schwaigerinsel) liegen: dem Großen Ostersee. Wegen ihrer landschaftlichen Schönheit, Seltenheit und Eigenart zählen die Osterseen zu Bayerns schönsten Geotopen. Liebevoll werden sie auch „Tränen des Starnberger Sees" genannt.

Wir starten beim **Bahnhof Seeshaupt** und verlassen den Ort nach Süden auf der **Seeseitener Straße,** die in die **Osterseenstraße** übergeht. Wir treffen auf die **Penzberger Straße,** auf die wir rechts einbiegen. Nach 300 Metern halten wir uns halb rechts, folgen dem Wegweiser Richtung **Frechensee/Unterlauterbach** und tauchen in einen Waldweg ein, der uns schon bald zu einem unbeschrankten Bahnübergang führt. Wir steigen ab, schieben die Räder vor und hinter den Gleisen zwischen dem rot-weiß gestreiften Umlaufgitter hindurch und setzten unsere Fahrt fort. Nach einem sehr schmalen, von Gräsern und Büschen flankierten Streckenabschnitt treffen wir auf einen befestigten Schotterweg, der uns durch das Naturschutzgebiet am **Frechensee** 1 führt.

Als wir den rechter Hand liegenden See passieren, erleben wir eine faustdicke Überraschung. Das im Normalfall rund drei Hektar große Gewässer, das sich ausschließlich aus Niederschlägen und Grundwasser

*Das Naturschutzgebiet Osterseen besteht aus drei Teilen: Nördliche Osterseen (unter anderem Garten- und Lustsee), Südliche Osterseen (Großer Oster-, Fohnsee und weitere) sowie **Frechensee.** Baden ist nur an den gekennzeichneten Stellen erlaubt.*

Schönes Geotop

Um die Osterseen

Kuhweide am Großen Ostersee

speist, ist nur noch eine Lache. Vier Wochen später, Ende September 2022, berichtet die lokale Presse, dass der Frechensee ausgetrocknet ist. Eine Folge der anhaltenden Trockenheit und zunehmend schneearmer Winter, wie es heißt. Ob er sich jemals wieder erholen wird? Immerhin erinnert sich der Seeshaupter Bürgermeister Fritz Egold daran, dass der Frechensee vor etwa 40 Jahren schon einmal ausgetrocknet war. Also hoffen wir das Beste und setzen unsere Tour nun leicht ansteigend fort.

2 Kilometer nach dem Frechensee öffnet sich der Mischwald zur linken Seite und beschenkt uns mit einem wunderbaren Ausblick – zunächst auf den von breiten Schilfgürteln gesäumten **Breitenauersee ②,** sodann über den angrenzenden Großen Ostersee hinweg auf die Alpenkette.

Kurz danach erreichen wir **Unterlauterbach.** Im 17. Jahrhundert sollen hier lediglich zwei Höfe gestanden haben, heute ist es der Sitz der Privatklinik Lauterbacher Mühle am Ostersee, die in eine schöne Parklandschaft eingebettet ist.

Blick auf Steigerinsel

Für die Seele

Vor der Alpenkulisse erleben wir auf idyllischen Wegen Wasser- und Naturjuwele. Die Osterseen zählen zum Schönsten, was die Region zu bieten hat.

*Die Osterseen werden vorwiegend durch Grundwasser in bester Qualität gespeist, das in Quelltrichtern austritt. Die **Blaue Gumpe** ist der bekannteste. Die Wassertemperatur beträgt konstant 10 Grad Celsius, der Große Ostersee friert daher im Winter nicht zu.*

Nach dem Klinikareal biegen wir dem Wegweiser Richtung **Iffeldorf** folgend links ab und rollen zunächst am Klinikzaun entlang. Dann geht es durch offenes Gelände an Kuhweiden vorbei, schließlich wieder durch Schatten spendenden Mischwald. Derweil erhaschen wir immer mal wieder einen freien Blick auf die entzückende Seenlandschaft. Schließlich nähern wir uns der beschrankten Zufahrt zum Pferdehof **Gut Schwaig ③,** der seit zwei Jahrzehnten auch Auerochsen hält. Hier stoßen wir auf die asphaltierte Straße **Am Brücklein.** Wir fahren links und gelangen nach 500 Metern zu einem Abzweig. Der ermöglicht uns nach links auf schmalem Pfad einen Abstecher zur Quelle **Blaue Gumpe ④,** die den Großen Ostersee mit frischem Grundwasser versorgt und damit ganz erheblich zur Erhaltung des ökologischen Gleichgewichts des Gewässers beiträgt.

Vom kleinen Holzsteg aus, der direkt ins Schilf zu führen scheint, sehen wir auf den Quelltrichter hinunter. Das Wasser ist glasklar, auf dem Grund liegen lauter Zweige, die grau ummäntelt wirken – ein Effekt, den Kalkablagerungen des Quellwassers erzeugen.

Flurkreuz

Blaue Gumpe

Sodann kehren wir zum letzten Abzweig zurück, biegen links auf den Hauptweg ein und radeln – immer den Radwegweisern folgend – bis zur querenden **Jägergasse,** auf der wir links nach **Iffeldorf** gelangen – rechts die Berge, vor uns der Zwiebelturm der Pfarrkirche St. Vitus. Am **St.-Vitus-Platz** kehren wir im **Vitus Lokal & Café** **5** mit den grünen Fensterläden ein. Unter roten Sonnenschirmen lassen wir uns den hausgemachten Kuchen und eine Tasse Kaffee schmecken.

Nach einem kleinen Schlenker – an Kirche, Grundschule und Landgasthof Osterseen vorbei – fahren wir links auf die Straße **Hofmark.** An einem Brunnen biegen wir links in die **Osterseenstraße** ab. Wo sie rechts abknickt, bleiben wir geradeaus auf dem **Fohnseeweg**. Es geht im leichten Auf und Ab dahin, zur Linken von den nur zum Teil sichtbaren Gewässern Waschsee, Schiffhüttensee und Sengsee begleitet. So gelangen wir zum Campingplatz und Waldhaus am **Fohnsee** (Bademöglichkeit). Der Weg lenkt uns

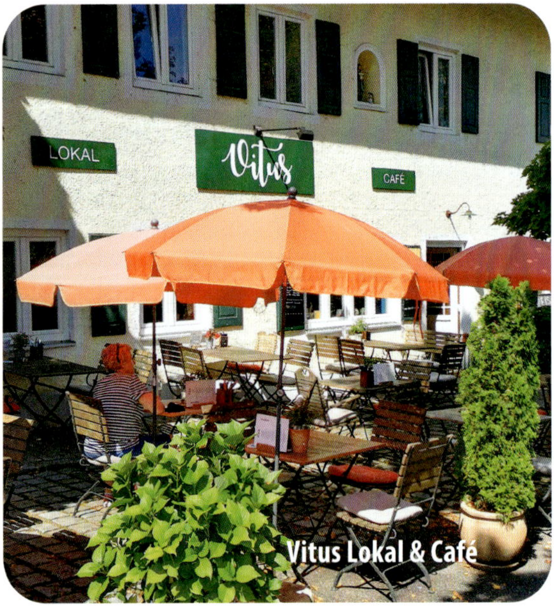

Vitus Lokal & Café

Karibik-Feeling am Großen Ostersee

nun durch den Wald zu einer Holzbrücke über einen Wasserarm, der den Fohnsee (links) mit dem Eishaussee (rechts) verbindet. Die Brücke ist so schmal, dass wir absteigen und das Rad sehr eng am Körper führen, um den Seitenwechsel zu schaffen.

Fortan ist der Weg von teils starken Baumwurzeln durchzogen, sodass wir mit erhöhter Aufmerksamkeit Richtung Badeplatz Ostersee weiterfahren. Die 2 Kilometer bis dahin sind spartanisch beschildert, also aufgepasst: Das Nordufer des Fohnsees verlassen wir in einem großzügigen Rechtsbogen, ignorieren den ersten Abzweig, um uns am zweiten ganz links und beim nächsten erneut links zu halten. Wir radeln nun direkt auf die beschilfte Uferzone des **Großen Ostersees** zu, an dem wir uns nach rechts immer in Ufernähe bewegen. Nach etwa 500 Metern geht es links zum **Badeplatz am Großen Ostersee** 6 hinunter, rechts Richtung Gut Aiderbichl hinauf.

*Die **Osterseen** umfassen eine Fläche von knapp 1100 Hektar. Das entspricht der Größe von 1500 Fußballfeldern. Sie zählen zu den am besten erhaltenen Eiszerfallslandschaften Bayerns mit Toteisseen, Hochmooren, naturnahen Trockenrasen und Wäldern.*

Am Ende der letzten Eiszeit brachen beim Rückzug der Gletscher Eisblöcke ab, die vom Schmelzwasser mit Schotter bedeckt wurden. Später schmolzen diese Toteisklumpen, der Schotter rutschte nach, formte Senken, die sich mit Wasser zu Seen füllten: die ***Toteisseen.***

Uns zieht es ans und ins Wasser, an eine der wenigen Stellen, an denen im Naturschutzgebiet Baden erlaubt ist. Wir suchen uns ein schattiges Plätzchen auf der Wiese, wechseln das Outfit, und los geht's. Da der Wasserspiegel recht niedrig ist, müssen wir weit in den See hinaus, um ohne Bodenkontakt schwimmen zu können. Das Wasser schimmert karibikblau, die Alpen bilden eine phänomenale Kulisse – wie aus dem Bilderbuch. Anschließend lassen wir uns im Gras sitzend von der Sonnenwärme trocknen, bei den hohen Temperaturen geht das fix.

Danach kehren wir zu der Stelle zurück, wo wir zum letzten Mal links abgebogen sind, und strampeln geradeaus einen schmalen Weg – links an einem Weidezaun, rechts am Waldrand entlang – zu einem Schotterweg hinauf. Schräg gegenüber sehen wir jenseits einer Pferdekoppel das Gut Aiderbichl. Wir orientieren uns nach links und fahren bis zu einer **Ruhebank** 7 am Wegesrand. Ihrer Einladung können wir nicht widerstehen und lassen den beeindruckenden Panoramablick minutenlang auf uns wirken. Im Alltag ist die Stille oft Mangelware, hier ist sie daheim und wirkt betörend. Nicht ein Hauch von Zivilisationslärm ist zu vernehmen. Ruckzuck füllen sich unsere Akkus mit neuer Energie.

Schließlich reißen wir uns los und bleiben auf dem Schotterweg, der uns zu einem Bahndamm und an ihm entlang führt. An einem beschrankten Bahnübergang wechseln wir auf die andere Seite der Gleise. Dort überqueren wir die **Penzberger Straße** und begleiten sie auf einem schmalen Schotterweg nach links. Nach etwa 700 Metern entfernt sich der Schotterweg von der Straße und leitet uns an den Hochmoorflächen des Osterseefilz entlang und am **Lustsee** vorbei. Schließlich bringt uns der **Lustseeweg** wieder auf die **Penzberger Straße,** in die wir links einbiegen. Beim nächsten Abzweig gelangen wir rechts auf die **Osterseenstraße,** die uns auf bekanntem Weg zurück zu unserem Startpunkt am Bahnhof Seeshaupt leitet.

Brunnen Iffeldorf

Starnberger See
Seeshaupt
Bahnhofstraße
P
Osterseenstraße
Penzberger Straße
Ulrichsau
Ostersee-Ach
Gartensee
Ursee
Gröbensee
Lustsee
1
Frechensee
Penzberger Straße
Stech-
see
St 2063
Bodenbach
7
Ameissee
2
Breitenauersee
6
Seeshaupter Straße
Torfwerk
Unterlauterbach
Großer
Ostersee
Lauterbach
Staltach
Eishaussee
Herrensee
Bräuhaussee
Fischkaltersee
Fohnsee
3
4
Am Brücklein
Kohlbach
Brückensee
Steinbach
Sengsee
Staltacher Straße
Iffeldorf
5
Hofmark

Alles auf einen Blick

WIE & WANN:
Asphaltierte Haupt- und Nebenstraßen, Ufer-, Schotter- und Waldwege; möglich April bis Mitte Oktober.

HIN & WEG:
Auto: Parkmöglichkeiten Pettenkoferallee, 82402 Seeshaupt (GPS: 47.822631, 11.288935)
ÖPNV: RB 66 bis Bahnhof Seeshaupt

ESSEN & ENTSPANNEN:
Vitus Lokal & Café ❺ St.-Vitus-Platz 1, 82393 Iffeldorf, Tel. (0 88 56) 8 03 69 81, www.vitus-iffeldorf.de

ENTDECKEN & ERLEBEN:
Frechensee ❶
Breitenauersee ❷
Gut Schwaig ❸ www.gut-schwaig.de
Blaue Gumpe ❹
Badeplatz Großer Ostersee ❻
Ruhebank mit Panoramablick ❼

Entspannung ✱✱✱✱✱
Genuss ✱✱✱✱✱
Romantik ✱✱✱✱✱

Altes Bauernhaus Farchach

- 25 Kilometer
- 200 Höhenmeter
- 3 Stunden
- Rundtour

Nur einen Katzensprung von der Pfarrkirche Mariä Himmelfahrt entfernt verlassen wir Münsing über die **Schwabbrucker Straße.** Am Ende der Besiedlung gelangen wir auf einen Waldweg, seitlich vom Lüßbach begleitet, dem wir während unserer Tour noch mehrmals auf seinem Weg in den Starnberger See begegnen. Hier mäandert er durch eine Senke, hinter einem blühenden Blumenstreifen verborgen.

Nach 2,5 Kilometern verabschiedet sich der Wald vorerst, und wir erreichen die Einöde **Schwabbruck,** die aus einem Einzelhof mit Nebengebäuden besteht. Von Weitem leuchten uns schon Sonnenblumen entgegen. Unterm knallblauen Himmel, an dem Wolken wie Wattebäusche hängen, setzen sie sich erfolgreich vom Grün der Wiesen und Bäume und dem Rot der Ziegeldächer ab. Am Gehöft folgen wir dem Radwegweiser links Richtung **Starnberg.** Knapp 1 Kilometer weiter queren wir den **Lüßbach** an einem umzäunten **Stauwehr 1.**

Kurz darauf biegen wir rechts auf den **Bussardweg** ab, der uns bis zu den Sportanlagen des TC Berg und des FSV Höhenrain an der Starnberger Straße leitet. Geradeaus radeln wir auf dem sanft ansteigenden **Laurentiweg,** eine Apfelbaumallee, zur Montessori-Schule Biberkor hinauf. Es ist die einzige Montessori-Schule in Bayern, in der seit 2001 Kinder vom Kindergarten bis zum Abitur ausgebildet werden. Der Weiler **Biberkor** liegt auf einer Anhöhe zwischen Höhenrain und Aufkirchen – der Kirchturm der dortigen Pfarr- und Wallfahrtskirche Mariä Himmelfahrt mit seiner glocken-

*Der durch Münsing fließende **Lüßbach** mündet bei Percha als dessen drittgrößter Zulauf in den Starnberger See. Weil er häufig Überflutungen verursachte, hat man ihn 2006 mit ausreichend Überschwemmungsgebieten und drei Staudämmen „entschärft".*

Literatur-Runde

Im Osten des Starnberger Sees

Landidyll Farchach

förmigen Haube und der hohen Spitze ist auf der linken Seite über Pferdekoppeln hinweg gut zu erkennen. Kurz vor dem Schulparkplatz legen wir auf einer **Ruhebank** ② am Straßenrand eine kleine Rast ein. Vor unseren Augen entfalten sich sattgrüne Wiesenflächen, die in einiger Entfernung auf einen breiten Waldstreifen treffen. Dahinter erhebt sich die eindrucksvolle Silhouette der Berge. Die felsigen Gipfel des Alpenbands werden von unterschiedlich großen Wolkentupfen umspielt. Einige schweben so tief, dass wir uns fragen: Sind das nun Dunstglocken oder Schneeflächen vom letzten Winter?

Panorama-gestärkt fahren wir am ersten Abzweig rechts über den Parkplatz und am Ende links auf die zunächst asphaltierte, dann schotterige **Biberkorstraße.** Sie bringt uns durch ein grünes Meer von Magerwiesen an einem Feldkreuz vorbei nach **Bachhausen.** An der **Kellerbachstraße** halten wir uns rechts, überqueren wieder einmal den Lüßbach und durchfahren das Dorf. Kurz vor Ortsausgang folgen wir der **Dorfstraße** nach links Richtung **Farchach (Radwegweiser).** Die Straße hat ein leichtes Gefälle, wir lassen den Rädern freien Lauf. Über die **Nikolausstraße,** auf der wir erneut den Lüßbach kreuzen, erreichen wir den **Kirchplatz** von **Farchach** mit der barocken **Filialkirche St. Martin und St. Nikolaus,** um die sich denkmalgeschützte Bauernhäuser gruppieren. Doch in Farchach empfängt uns nicht nur ein dörfliches Idyll wie aus dem Bilderbuch, Farchach ist zugleich eine der ältesten Siedlungen im Alpenvorland.

Für die Seele

Wir radeln auf den Spuren von Oskar Maria Graf durch eine der ältesten Siedlungen im Alpenvorland und besuchen einen Hofladen mit eigener Käserei.

Flurkreuz am Weg nach Bachhausen

Der **Assenhauserhof** stammt im Kern aus dem 18. Jahrhundert. Einst vereinte die breite Einfirstanlage Wohnteil, Stallung und Stadel. Auf der Stirnseite sind drei Giebelmedaillons. Der Vater des Betreibers war 1970 der erste Biobauer im Landkreis Starnberg.

Schräg gegenüber der Kirche fahren wir rechts auf die **Kempfenhauser Straße** – und schon wieder über unseren treuen Begleiter hinweg, den Lüßbach. Der erste Hof auf der linken Seite ist der **Assenhauserhof** ③.

Hier betreiben Simon und Johanna Mair eine Hofkäserei, wie es sie im ganzen Fünfseenland kein zweites Mal gibt, eine Backstube und einen Hofladen mit Hofcafé. Natürlich kehren wir ein, genießen Kaffee und Kuchen – und Käse nehmen wir auch gleich mit. Der Vater des Betreibers stellte den Hof bereits 1970 auf Ökolandbau um, der Sohn auf biodynamische Wirtschaftsweise, die wie ein organischer Kreislauf funktioniert. Entsprechend halten die Mairs nicht mehr Tiere, als der Hof mit seinem Land ernährt. Was der Hofladen führt, kommt weitgehend aus eigenem Anbau – Gemüse, Korn, Milchprodukte, Fleisch, Würste, Eier, Brot, Käse und vieles mehr. Außerdem ist hier auch die Kultur zu Hause: Hoffeste mit Musik und Tanz, Felderbegehungen oder Hofführungen stehen auf dem Programm.

Wir setzen unseren Weg fort, zunächst zurück zum Kirchplatz – wir passieren dabei das letzte Mal den Lüßbach, ihn zieht es nun gen Norden durchs Manthal nach Berg –, dann rechts die Straße **Jägerberg** hinauf. Auf dem Hügelrücken haben wir einen schönen Fernblick auf die Alpen – und einen imposanten Nahblick auf das erhöht liegende Aufkirchen. Dorthin folgen wir dem Straßenschild. Wir stoßen auf eine Querstraße, an der wir uns rechts halten. In **Aufkirchen** erreichen wir, vorbei an der **Kirche Mariä Himmelfahrt** und dem alten Schulhaus, in dem Schriftsteller Oskar Maria Graf als Kind die Schulbank drückte, den **Schulplatz.** Hier steht das **Oskar-Maria-Graf-Denkmal ④,** gleich nebenan ist die nach ihm benannte Grundschule.

Oskar Maria Graf
(1894–1967), bayerischer Schriftsteller von Weltrang, bezeichnete sich selbst als Bauerndichter. In Berg geboren, wuchs er am Starnberger See auf und besuchte in Aufkirchen die Dorfschule. 1933 ging er ins Exil.

Oskar-Maria-Graf-Denkmal

Wir legen dem bronzenen Graf – in Lederhose, Janker und mit Hut auf seinem Fluchtkoffer sitzend – zum Dank für reichhaltige Lektürestunden („Wir sind Gefangene“, „Das Leben meiner Mutter“ und vieles andere) die Hand auf seine Schulter.

Sodann fahren wir am Zaun der Grundschule entlang durch eine wunderschöne Lindenallee. Allesamt 120 bis 150 Jahre alte Sommerlinden, an die 25 Meter hoch und mit Stammumfängen bis zu 3,40 Meter. Ein Traum von Allee!

Auf dem leicht abschüssigen Schotterweg gelangen wir nach gut einem Kilometer zur heimelig anmutenden, 1826 errichteten **Wegkapelle St. Anna 5:** gerade einmal 9 Quadratmeter groß, mit geschweiftem Kuppeldach und denkmalgeschützt. Vor ihrer warmen Südseite ein schlichtes Bankerl, das uns auch noch mit einem ansprechenden Ausblick verwöhnt. Auch dieser Ort erinnert an den Schriftsteller Graf, genauer an seine Mutter Therese. Die Bauerntochter aus Berg, eine geborene Heimrath, war eine fromme Frau. Solange ihre Füße sie trugen, besuchte sie den Gottesdienst in Aufkirchen. Ihr Weg führte sie dabei immer an der Kapelle St. Anna vorbei. Vielleicht stand hier damals schon eine Bank neben der Kapelle, auf der sie sich gelegentlich ausruhte. Kann sein, muss nicht sein – trotzdem eine schöne Vorstellung.

Nun denn, wir lassen den Rädern freien Lauf und rollen den **Kapellenweg** hinab nach **Berg.** Hier geht es rechts auf die **Aufkirchner Straße,** über die Perchastraße hinweg und die **Grafstraße** wieder hinauf. Dort stoßen wir auf das **Oskar-Maria-Graf-Stüberl 6.** Die Hauswand ziert ein Porträt des Schriftstellers. Mit gutem Grund: Es handelt sich um das Bäckerhaus des Vaters Graf, in dem Oskar Maria geboren und aufgewachsen ist.

Wir fahren die **Wittelsbacherstraße** hinab, vorbei an der St.-Johann-Baptist-Kirche, die zu den ältesten Kirchen des Landkreises zählt. Am schmalen Weg **Am Hofgarten** biegen wir scharf nach links ab. Wir befin-

Kreuze Votivkapelle

den uns im **Schlosspark Berg** und stoßen auf die **Votivkapelle** ⑦ zum Gedenken an König **Ludwig II.** von Bayern, der an dieser Stelle unter ungeklärten Umständen im See seinen Tod fand. Auf der **Assenbucher Straße** geht es aus dem Schlosspark hinaus und auf den folgenden Kilometern immer in Ufernähe dahin. So gelangen wir über Leoni – empfehlenswert ist hier ein Stopp im **Hofcafé des Fischermeisters Gastl** ⑧ – bis zum Allmannshauser Strand. Hier, kurz vor Schloss Seeburg, verabschieden wir uns von der Assenbucher Straße (Uferweg) und fahren links die **Seeburgstraße** hinauf (Radwegweiser **Münsing/Allmannshausen**). Wir durchfahren den ganzen Ort Allmannshausen bis zur **Berger Straße,** in die wir rechts einschwenken. Wir bleiben der Straße für etwa 1,5 Kilometer treu und biegen dann rechts, dem Straßenschild folgend, nach **Weipertshausen** ab. Kurz nach dem Ortseingang passieren wir eine weiß getünchte Wegkapelle, ein mit Schindeln gedeckter offener Satteldachbau, der aus der zweiten Hälfte des 18. Jahrhunderts stammt. Am Ortsende biegen wir rechts auf einen Schotterweg, der zunächst zwischen Wiesen und Feldern verläuft. Rechter Hand in einiger Entfernung sehen wir vor einem Paravent aus Bäumen die **Kapelle St. Koloman** 9. Sie wurde 1608 errichtet und nach ihrem Einsturz 1985 rekonstruiert.

Sodann leitet uns der Schotterweg durch einen Wald. An einem gewaltigen Findling mit Inschrift, die des verstorbenen Jagdbruders Graf v. Pocci mit einem „Waidmannsdank“ gedenkt, fahren wir links. Wir verlassen den Wald und erreichen an Pferdekoppeln vorbei leicht ansteigend den Weiler Ried, wo sich das **Gestüt Ammerland** mit drei Höfen befindet. Vom schotterigen Graf-Pocci-Weg biegen wir links in den schotterigen **Riedweg** ab. Er führt uns zunächst durch eine Baumallee mit leichtem Gefälle, danach durch einen Wald mit kurzem, aber knackigem Anstieg. Kurz da-

Votivkapelle Schlosspark Berg

Loriot-Denkmal

rauf tauchen vor uns die ersten Häuser von **Münsing** auf, dahinter lugt über den Baumwipfeln die Zwiebelhaube des Kirchturms von Mariä Himmelfahrt hervor – sie sieht wie ein schwebendes Ufo aus. Der Schotterweg geht in den asphaltierten **Kellerweg** über, an dessen Ende wir rechts und sofort wieder links auf die **Ammerlander Straße** fahren. Nach 400 Metern geht es rechts auf die **Weipertshauser Straße,** nach weiteren 200 Metern links in die Straße **Am Kirchberg,** die uns zum schönen Dorfplatz bringt. Zum Abschluss unserer Tour warten dort zwei weitere Highlights auf uns: die kleine Eisdiele **Gelatino Gelateria** ⑩ und ein ganz besonderer **Brunnen** ⑪. Er ist an den bekannten Zeichentricksketch „Zwei Herren im Bad“ (Müller-Lüdenscheidt und Dr. Klöbner) angelehnt und erinnert an Münsings Ehrenbürger **Vicco von Bülow.** Einfach köstlich: Eis und Brunnen!

Starnberger See
Berg
Perchastraße
St 2070
Lindenallee
Halsbach
Farchach
STA 7
Jägerberg
Kellerbachstraße
St 2065
Assenbucher Straße
Kreuzweg
Aufkirchen
Bach-
hausen
Leoni
Assenbuch
Frauental
Aufhausen
Biberkorstraße
Assenhausen
Sibichhausen
Laurentiweg
Oberlandstraße
Lüßbach
Allmannshausen
Höhenrainer Straße
Starnberger Straße
Schwabbruck
Nördliche Seestraße
Weipertshausen
Buchsee
TÖL 20
Ried
St 2065
Ammerland
Hauptstraße
St 2371
P
Münsing
1
2
3
4
5
6
7
8
9
10
11

Alles auf einen Blick

WIE & WANN:
Asphaltierte Straßen, Rad- und Uferwege, Schotter- und Waldwege;
möglich April bis Mitte Oktober.

HIN & WEG:
Auto: Parkplätze am Straßenrand im Umfeld der Dorfkirche, Am Kirchberg, 82541 Münsing
(GPS: 47.903927, 11.368627)
ÖPNV: Keine geeignete Anbindung

ESSEN & ENTSPANNEN:
Assenhauserhof, Hofladen und Hofcafé ❸ Kirchplatz 1, 82335 Berg-Farchach,
Tel. (0 81 51) 5 11 43
Oskar-Maria-Graf-Stüberl ❻ Grafstraße 9, 82335 Berg, Tel. (0 81 51) 5 16 88
Fischermeister Gastl, Hofcafé und Hofladen ❽ Assenbucher Straße 41, 82335 Berg-Leoni,
Tel. (0 81 51) 56 27, www.fischermeister-gastl.de
Gelatino Gelateria ❿ Am Kirchberg, 82541 Münsing

ENTDECKEN & ERLEBEN:
Lüßbach-Stauwehr ❶
Ruhebank Biberkor, Aussichtspunkt ❷
Oskar-Maria-Graf-Denkmal ❹
Wegkapelle St. Anna ❺
Votivkapelle Schlosspark Berg ❼
Kapelle St. Koloman ❾
Loriot-Brunnen ⓫

Entspannung ✱✱✱✱✱
Genuss ✱✱✱✱✱
Romantik ✱✱✱✱✱

Badesteg Erholungsgebiet Oberndorf
15 Kilometer
50 Höhenmeter
2 Stunden
Rundtour

Unser heutiger gemütlicher Trip verläuft ufernah um den Wörthsee und ist eine Auszeit-, Entschleunigungs- und Erfrischungstour in einem.

Welche Charakteristik den Radausflug am Ende am besten beschreibt, bestimmt jeder selbst. Netto haben wir den Parcours in zwei Stunden absolviert, brutto war es der ganze Tag.

Wir starten am Parkplatz und fahren an der **S-Bahn-Haltestelle Steinebach** vorbei zur **Hauptstraße** und rechts in den Ort. Kurz nach dem Abzweig Ahornstraße folgen wir erst links und sofort wieder rechts, nun auf einem Geh- und Radweg, der Beschilderung **Fußweg zum See.** So kommen wir geradeaus auf dem **Moosbichlweg** zur Dorfstraße. Die überqueren wir und radeln schräg gegenüber – an einem versenkbaren Poller und einem Anlieger-frei-Schild vorbei – auf dem schotterigen **Birkenweg** an einer Badewiese entlang bis zur **Seepromenade.** Hier ist eine von insgesamt zwei offiziellen Einlassstellen, an denen SUP-Boards zu Wasser gelassen werden dürfen. Direkt am Wasser liegt das Lokal **Il Kiosko** **1** von Franca und Generoso Aurigemma, die mit kulinarischen Spezialitäten der italienischen Küche für mediterrane Gaumen- und Lebensfreude sorgen. Wir lassen uns am Ufer im Schatten einer Birke auf einer der Ruhebänke nieder und genießen bei einem Espresso die angenehme Stille der frühen Morgenstunde. Noch ist das Wasser spiegelglatt und seine Farbe so blau wie der Himmel. Lediglich eine Ente schiebt stumm eine Bugwelle vor sich her, die sich seitlich kaum merklich ausbreitet.

*Der **Wörthsee** ist ein Moorsee ohne erwähnenswerte Zu- und Abflüsse. Er gilt als einer der saubersten und wärmsten Seen Oberbayerns. Entstanden ist er vor etwa 10.000 Jahren, als sich beim Gletscherrückzug Wannen bildeten, die sich mit Wasser füllten.*

Ein Kleinod

Rund um den Wörthsee

Uferbereich beim Il Kiosko

Im Uhrzeigersinn fahren wir die Seepromenade entlang durch ein Spalier von hüft- und mannshohen Hecken und Zäunen – vorbei an grünen Buchsbaumskulpturen, privaten Seezugängen mit Datschen oder Freizeithäuschen, Booten und Badestegen. Nach einem kurz ansteigenden Linksschwenk biegen wir rechts auf die Straße **Seeleite** ab, die nach etwa 700 Metern neben einem **Energiewald aus Zitterpappeln** ❷ auf die **Wörthseestraße** trifft. Das Laub der Pappeln, die im Herbst als erste Bäume die Blätter abwerfen, hat sich bereits weitgehend gelb gefärbt. Die einfallende Sonne lässt es unglaublich farbenfroh leuchten. Auf der anderen Seite der Straße grast auf einer Weide eine Herde Ziegen, die neugierig an den Zaun eilen, als sie uns erblicken. Die Böcke tragen beachtliche Hörner und recht lange Bärte. Von den Ziegen weiterhin neugierig beäugt, fahren wir rechts auf die Wörthseestraße. Sie führt uns gut 2 Kilometer um das Südufer des Wörthsees herum. Unterwegs passieren wir den Campingplatz Woerl und daneben den **Paradieswinkel Gasthof Woerl** ❸, dessen Sonnenterrasse direkt an den See grenzt und on top zur Bestellung eine wunderschöne Kulisse bietet. Unmittelbar nach dem letzten Haus auf der Uferseite, die Wörthseestraße macht einen leichten Linksbogen, biegen wir halb rechts auf einen schmalen Wiesenweg ein und durchfahren das **Erholungsgebiet Oberndorf** ❹.

Der wunderschöne Park verfügt über weitläufige Liegewiesen, Schatten spendende Laubbäume und

*Am Westufer des Wörthsees liegt das etwa 700 Meter lange **Erholungsgebiet Oberndorf**. Der schöne Badeplatz mit Liegewiesen und Kiosk ist Bestandteil des Landschaftsschutzgebiets „Westlicher Teil des Landkreises Starnberg". Also gilt: Hinweise beachten.*

Für die Seele

Wir entdecken einen leuchtenden Energiewald, verführerische Badestege, eine Insel mit Schutzzone und die Rossschwemme.

Ziegenherde

drei breite, weit in den See hinausragende Badestege (Steg 1 bis Steg 3). Die im Abstand von etwa 150 Metern angelegten Holzstege dienen aber nicht nur dem reinen Badevergnügen, sondern auch dem Schutz des wertvollen Schilfgürtels im Uferbereich. Schilf ist beispielsweise überlebenswichtig für Fische wie Zander, Waller, Barsch, Karpfen und Renke. Im Röhricht finden sie Futter, Platz zum Laichen und Schutz vor Räubern. Noch vor wenigen Jahrzehnten zog sich der Schilfgürtel um den ganzen Wörthsee herum, heute ist er nur noch sporadisch vorhanden – wie hier am Ufer des Badeplatzes. Lediglich um die **Mausinsel** herum, die einzige Insel im Wörthsee, gibt es noch einen größeren zusammenhängenden Bestand. Den kann man mit bloßem Auge von den Badestegen aus gut erkennen.

Die Insel Wörth, meistens ***Mausinsel*** *genannt, ist von einem Schutzgebiet umgeben, dessen Schilf Lebensraum vieler Tiere ist. Wie der Wörthsee ist sie im Besitz des Grafen zu Toerring-Jettenbach. Die Insel ist bewohnt, aber nicht öffentlich zugänglich.*

Am Ende des Badegebiets fahren wir rechts auf einem schmalen, teils von Wurzelwerk durchzogenen Weg durch einen Wald. Der geht schließlich in die schotterige, leicht ansteigende **Aitelstraße** über. Nach etwa 400 Metern treffen wir auf die **Fischerstraße,** die

Bootsstege Wörthsee

uns geradewegs durch das zur Gemeinde Inning am Ammersee gehörige Dorf **Bachern** bis zum **Hotel Mutz** leitet. Dort überqueren wir eine kleine Brücke, die über den Inninger Bach führt. Rechter Hand liegt der kleine **Wörthsee-Hafen,** der durch eine Wasserstraße mit dem Wörthsee verbunden ist und Bootsliegeplätze an Land und im Wasser anbietet.

Wir folgen dem **Radwegweiser** Richtung **Walchstadt.** Auf den nächsten 2 Kilometern werden wir zur Linken von Pferdekoppeln, Wiesen und Wäldern begleitet, zur Rechten erhaschen wir den einen oder anderen Blick ins Bacherner Moos. Kurz nach dem Ortseingangsschild von **Walchstadt** radeln wir rechts auf die **Hintere Seestraße** und folgen der Beschilderung zum See hinunter. An einer Weggabelung biegen wir dann links auf die **Vordere Seestraße,** die uns zum Badeplatz bei der **Rossschwemme** (5) bringt. Der hält alles vor, was das Herz von Schwimmern, Paddlern und Sonnenanbetern begehrt: Liegewiese, Liegestühle, Seeblick und Seekiosk – dazu einen Biergarten, der über mehr als 100, teilweise sogar überdachte, Sitzplätze verfügt. Außerdem befindet sich hier (neben der bereits erwähnten am Birkenweg) die zweite offizielle Einlassstelle für SUP-Boards. Wer kein eigenes Brett

Skulptur Angelhakenherz

Blick ins Bacherner Moos

besitzt oder spontan über den See reiten will: Am Kiosk kann man sich während der Saison von April bis September ein Board mieten. An allen weiteren öffentlichen Seezugängen rund um den Wörthsee ist das Einsetzen von SUPs untersagt.

Bleibt noch eine Frage offen: Woher rührt nur der eigentümliche Name Rossschwemme? Die Antwort ist einfach: Früher tränkten und reinigten die Bauern hier ihre Pferde nach getaner Ackerarbeit. Und an besonders heißen Sommertagen ließ man die Vierbeiner zur Abkühlung ins Wasser.

Wir setzen unsere Tour auf der **Vorderen Seestraße** fort. Nach etwa einem Kilometer biegen wir scharf rechts (170-Grad-Schwenk) auf den **Seeuferweg** ab, um sofort wieder links auf die Straße **Seewiese** zu schwenken. Dann wechselt der Belag von Asphalt zu Schotter, hier geht die Straße in den schmalen **Seeuferweg** über, der uns nach einem kleinen **Grünstreifen** ❻ mit traumhaftem Blick über den See bis zu den Alpen auf die **Wörthseestraße** entlässt.

Seit 2019 stehen entlang der Strecke zwischen Rossschwemme und Birkenweg Kunstobjekte von Künstlern aus der Region. Sie alle bilden den ***Skulpturenweg Wörthsee.*** *An der Rossschwemme etwa steht die Skulptur „Angelhakenherz" von Axel Wagner.*

Auf der **Seestraße** fahren wir immer in Ufernähe bis zum **Rathaus Wörthsee,** wo wir halb rechts in die Seepromenade abzweigen. Hier hat man die Qual der Wahl – lieber Strandbad oder Lokal mit Sonnenterrasse? Wie Perlen auf einer Schnur reihen sich **Strandbad & Bootsverleih Raabe** nebst **Seehaus Raabe** 7 und das **Augustiner am Wörthsee** mit **Strandbad** 8 aneinander. Wir lassen alle Versuchungen rechts liegen, um schließlich am Lokal Il Kiosko neben der Badewiese am Birkenweg anzulanden. Wir setzen uns auf eine freie Ruhebank, lassen uns von wärmenden Sonnenstrahlen streicheln, während der Blick genussvoll über den Wörthsee schweift. Weil wir uns von dieser Bilderbuchkulisse nicht trennen können, versorgen wir uns wiederholt am Kiosk mit Leckereien: erst mit Kaffee und hausgemachtem Kuchen, später folgen zwei Gläser vino bianco.

Letztlich beenden wir unsere Tour auf demselben Weg zur S-Bahn-Haltestelle Steinebach, auf dem wir auch hierhergelangten.

Und wie typisieren wir nun diesen Trip? Für uns ist und bliebt er gleichermaßen Auszeit-, Entschleunigungs- und (auch ganz ohne zu baden) Erfrischungstour.

Inning am Ammersee
Walchstadt
Wörthsee
Bulachbach
Seestraße
Vordere Seestraße
Hintere Seestraße
Bacherner Straße
Krebsbach
Inninger Bach
Am Krebsbach
Bachern am Wörthsee
Fischerstraße
St 2070
Maus-insel
Wörthsee
Seepromenade
Burgselberg
Steinebach
Hauptstraße
Auing
Seeleite
Günteringerfeldbach
Wörthseestraße
St 2348
Meiling
Schlagenhofen
Inninger Straße
Hechendorf
Ödenbächl
St 2068
Aubach
1
2
3
4
5
6
7
8
P

Alles auf einen Blick

WIE & WANN:
Asphaltierte Straßen, Rad- und Uferwege, Schotter- und Waldwege;
ideal April bis Mitte Oktober.

HIN & WEG:
Auto: Parkplatz am S-Bahnhof Steinebach, Bahnhofstraße, 82237 Wörthsee-Steinebach (GPS: 48.061747, 11.207219)
ÖPNV: S 8 bis Bahnhof Steinebach

ESSEN & ENTSPANNEN:
Il Kiosko ❶ Seepromenade 19, 82237 Wörthsee, Tel. (01 71) 3 41 09 55
Paradieswinkel Gasthof Woerl ❸ Wörthseestraße 25, 82229 Seefeld, Tel. (0 81 52) 7 64 45, www.paradieswinkel.de
Seehaus Raabe ❼ Seestraße 97, 82237 Wörthsee-Steinebach, Tel. (0 81 53) 72 05, www.seehaus-raabe.de
Augustiner am Wörthsee ❽ Seepromenade 1, 82237 Wörthsee, Tel. (0 81 53) 9 87 90 91, www.augustineramwoerthsee.de

ENTDECKEN & ERLEBEN:
Energiewald aus Zitterpappeln ❷
Erholungsgebiet Oberndorf ❹
Rossschwemme ❺ mit **Seekiosk Rossschwemme,** Vordere Seestraße 61, 82237 Wörthsee
Grünstreifen am Seeuferweg ❻
Strandbad & Bootsverleih Raabe ❼ Seestraße 97, 82237 Wörthsee-Steinebach, Tel. (01 52) 28 77 90 09, www.strandbadraabe.de
Strandbad Augustiner am Wörthsee ❽ siehe Essen & entspannen

Entspannung ✱✱✱✱✱
Genuss ✱✱✱✱✱
Romantik ✱✱✱✱✱

Uferblick neben Seepavillon Riederau

- 31 Kilometer
- 210 Höhenmeter
- 3 Stunden
- Rundtour

Dießen am Ammersee, der Startpunkt unserer Tour, atmet wahrlich Geschichte.

In der heutigen Marktgemeinde, die sich das südwestlichen Hochufer des Ammersees hinaufzieht, war schon vor 2000 Jahren viel los. Mitten durch die damalige Siedlung verlief die wichtige römische Fernstraße Via Raetia, die den süddeutschen Raum mit Oberitalien verband. Heute weist die Liste der Baudenkmäler Dießens knapp 70 Objekte aus, die bis zurück ins 15. Jahrhundert datieren.

Zwei Kostproben davon werden uns schon nach wenigen Metern serviert. Wir sind auf der **Bahnhofstraße** ortseinwärts gefahren und links auf die **Prinz-Ludwig-Straße** abgebogen. Gleich links steht die kleine, um 1694 erbaute **Kapelle St. Joseph** ① mit Türmchen und Portalvorbau. Und schräg gegenüber ein **Satteldachbau** ② mit geschnitzten Balkonen unterm Giebel. Das Haus ist zwar jüngeren Datums (Baujahr 1893), dafür aber ein Augenschmeichler in Blau. Wie gebannt bleiben wir minutenlang davor stehen, es ist Liebe auf den ersten Blick.

Wir radeln die **Prinz-Ludwig-Straße** und geradeaus die **Johannisstraße** entlang – links und rechts des Wegs reihen sich weitere Baujuwelen aus dem 19., 18. und frühen 17. Jahrhundert. Wer sich nur ein wenig für Architekturgeschichte interessiert, kann sich hier vollends berauschen.

Da auf uns aber noch mehr Schmankerl warten, treten wir in die Pedale. Wir sind inzwischen, immer

*Der **Ammersee** ist der drittgrößte See in Bayern: 16,2 Kilometer lang, 5 Kilometer breit und 81 Meter tief. Die am südlichen Ende des Sees gelegene Schwedeninsel ist inzwischen durch fortschreitende Verlandung zur Halbinsel geworden.*

Zum Kaiserblick

Von Dießen nach Utting und retour

Der nach seinem einstigen Besitzer benannte ***Schacky-Park*** *in Dießen ist ein 18 Hektar großer Landschaftsgarten mit Brunnen, Bachläufen und einem Weiher. Statuen, ein Monopteros, Streuobstwiesen, 100-jährige Eichen sowie ein Teehaus zieren die Oase der Stille.*

in gleicher Richtung, auf der **Weilheimer Straße** angelangt, die wir an einer Weggabelung nach rechts auf die **Vogelherdstraße** verlassen. Die führt uns am **Schacky-Park** ③ vorbei.

Der weitläufige Park ist tagsüber öffentlich zugänglich. Regelmäßig finden dort kostenlose Führungen statt und sommers Konzerte am Monopteros. Einen separaten Besuch können wir wärmstens empfehlen.

In der **Verkaufshütte des Seekuhhofs** ④ gleich dahinter sind rund um die Uhr Bio-Weidemilch und Hof-Eis vom Stefferbauer erhältlich.

Unmittelbar danach kommen wir an einen Abzweig und halten uns rechts. Wir folgen dem nun ansteigenden, von saftigen Wiesen flankierten Hauptweg bis zum Ortsschild **Ziegelstadel,** das wir nach 1,5 Kilometern und 50 Höhenmetern erreichen. Die gut zu bewältigende Steigung wird uns versüßt durch die denkmalgeschützte Kapelle Maria Hilfe der Kranken und den schönen Fernblick auf die Alpenkette.

Schacky-Park

Ausblick von Schatzbergalm

Wir lassen das Ortsschild rechts liegen und folgen an Pferdekoppeln vorbei dem Wegweiser zur **Schatzbergalm 5**, die uns nach weiteren 1,5 Kilometern willkommen heißt. Das Traditionslokal am Schatzberg liegt inmitten eines Naturidylls mit Aussicht auf See und Berge und ist offensichtlich ein beliebtes Ausflugsziel. Außer uns haben sich noch weitere Radler und Spaziergänger eingefunden. Wir suchen uns im Biergarten ein schattiges Plätzchen auf der Wiese und laben uns an hausgemachtem Kuchen.

Anschließend folgen wir den Hinweisschildern **Wanderwege 5+6** und **Waldlehrpfad** in den Wald. Wir schieben die Räder ein kurzes Stück, denn der Weg ist schmal, und wir müssen ihn mit Wanderern teilen. Nach 150 Metern stoßen wir auf einen breiten Forst-

Für die Seele

Im hügeligen Land genießen wir einen zauberhaften Panoramablick nach dem anderen. Wir erleben Streuwiesen, ein Künstlerdorf und einen Uferweg.

Königsbank

weg, auf den wir nach links abbiegen. Nur 1 Kilometer weiter steht an einer Wegkreuzung eine **„Königsbank"** ⑥. Die Rückenlehne ist an einer dicken Astgabel befestigt, von der eine goldene Krone mit drei Zacken herabhängt. Die Krone adelt weniger die Bank als den Panoramablick, den sie bietet – und der ist ohne Übertreibung majestätisch.

An der nächsten Kreuzung fahren wir rechts. Erst begleitet uns Grün- und Ackerland, dann geht es durch einen Wald, schließlich über Weiden, auf denen Kühe und Pferde stehen. Wir ignorieren alle Abzweige, bis wir auf die **Burgwaldstraße** stoßen. Hier halten wir uns links. Vor uns liegt das Dorf **Wengen.** An der ersten Möglichkeit biegen wir links auf die **Leonhardistraße,** die uns bis zum Dorfweiher und der barocken **Kapelle St. Leonhard** ⑦ bringt.

In Wengen, 1127 erstmals erwähnt, steht die ***Kapelle St. Leonhard.*** *Nach einer Viehseuche 1723 erbaut, ist sie dem Patron des Viehs gewidmet. Alljährlich am 6. November findet hier ein Leonhardiritt mit Pferdesegnung statt.*

Wir verlassen das dörfliche Idyll und folgen dem Radwegweiser auf der Straße **Wengen** nach Westen. Am nächsten Abzweig radeln wir rechts Richtung **Bischofsried.** Auf den folgenden 1,5 Kilometern – durch Wald und Grünland – steigt der Weg kontinuierlich an, bis wir nach einem Linksschwenk vor den Häusern von Bischofsried auf der Kuppe auf die Staatsstraße 2055 treffen. Nach etwa 50 Höhenmetern haben wir uns ein Päuschen verdient. Wie bestellt steht etwas seitlich eine **Ruhebank** ⑧. Die fantastische Sicht von hier aus übertrifft sogar die an der Königsbank. Also nennen wir es Kaiserblick. Wir sehen: die tolle Silhouette der Alpenkette, einen Teil des Ammersees, den Dießen überragenden Kirchturm des Marienmünsters (eine der großartigsten Barockkirchen Deutschlands),

Weidekühe

rechts davon den Turm der Kirche St. Georg in St. Georgen und am Ostufer des See – etwas links – auf einem Hügelrücken das Kloster Andechs. Das ist ganz großes Breitwandkino!

Derart optisch und seelisch gestärkt setzen wir unsere Tour fort, überqueren die Staatsstraße und fahren schräg gegenüber auf dem schotterigen **Engellandweg** eine alte Baumallee entlang. Wir kommen an einer Weide vorbei, auf der Kühe grasen, dann geht es durch ein kleines Wäldchen, das uns auf eine Wiese entlässt. Durchs Gras zieht sich ein gespurter Wiesenweg. Er leitet uns über eine Kuppe, auf der sich zwei mächtige Eichen erheben. Zwischen ihren dicken Stämmen steht, von den dichten Laubkronen beschirmt, eine Eckbank. Das Bild wirkt wie eine kleine Insel fernab vom Trubel der Welt.

__Streuobstwiesen__ haben eine überragende Bedeutung für die Arten- und Strukturvielfalt, den Boden-, Gewässer- und Klimaschutz sowie für das Landschaftsbild. Die Obstbäume wachsen einzeln, in Gruppen oder in Reihe an Wegen „gestreut" in der Landschaft.

Wir lassen das Eiland rechts liegen und rollen den Wiesenweg hinunter, einem Waldstreifen entgegen. Vorm Waldrand schwenken wir nach rechts auf einen Forstweg, der uns zur **Staatsstraße 2056** bringt. Hier fahren wir links und nach 400 Metern rechts Richtung **Landsberg am Lech.** Nochmals 600 Meter weiter verlassen wir die Straße halb rechts auf einen schotterigen Wirtschaftsweg, auf dem wir zunächst das Staatsgut **Engenried** und später das Staatsgut **Hübschenried** passieren. Gegenüber liegt eine große **Streuobstwiese** **9**. Eine Infotafel erklärt, warum wir Streuobst brauchen.

Auf dem Schotterweg geht's nun in den Wald. Nach einer Rechtskurve biegen wir an einem Abzweig nach links. Wir folgen dem Hauptweg nun 5 Kilometer durch geschlossenes Waldgebiet, an Baumschulen mit Jungbäumen (Buchen und Tannen) und halboffenem Gelände mit Grünflächen entlang, bis wir am Ortsrand von **Utting am Ammersee** auf die **Dießener Straße** stoßen. Die überqueren wir und fahren links die **Hofstattstraße** hinauf, kurz danach rechts auf die Straße **Am Sulzfeld.** Den Wendekreis verlassen wir geradeaus durch eine Gasse, die uns um eine Grund-

stückshecke herum auf einem schmalen Wiesenweg bringt. Wir stoßen auf die **Panoramastraße,** die wir nach 200 Metern scharf rechts auf einen schotterigen Wirtschaftsweg (Durchfahrt für Autos und Motorräder verboten) wieder verlassen. Darauf radeln wir, zumeist mit leichtem Gefälle, unterhalb des Sulzfelds an Wiesen und Feldern vorbei nach **Holzhausen,** ein Ortsteil von Utting. Um 1900 herum erlangte der Ort als Künstlerdorf einige Bekanntheit. Damals zog es generell viele Künstler aus der Stadt in die Natur aufs Land und an die Seen, um zu malen, zu feiern und die Sommer zu verbringen. Auf der nach dem Maler und Illustrator benannten **Walter-Georgi-Straße** erreichen wir das Dorf. An der **Adolf-Münzer-Straße** (der Namensgeber war Maler und Grafiker) biegen wir links ab und nach 100 Metern rechts auf die **Ammerseestraße.** Wir überqueren einen beschrankten Bahnübergang und stehen vor dem Eingang des **BVS-Bildungszentrums Holzhausen** (Bayerische Verwaltungsschule). Auf dem Areal befindet sich ein Denkort, der an den deutschen Textilunternehmer und Augsburger Stadtrat Benno Arnold und seine Frau Anna erinnert, die ursprünglichen Eigentümer des Anwesens Sieben Eichen. Die Arnolds wurden 1938 von den Nazis enteignet, das Anwesen „arisiert“. Das Ehepaar Arnold ist Opfer des Holocaust, beide starben im KZ Theresienstadt. Einer Infotafel am Eingang der BVS entnehmen wir ein paar weitere Details über das Ehepaar Arnold. Ein Zeichen wider das Vergessen!

Das **Seehaus Riederau,** ein ehemaliges Bootshaus, ist ein wunderbarer Ort. Das charmante Restaurant mit rustikalem Holz und die Terrasse mit Blick auf den See verströmen am Abend romantisches Flair – dazu wird richtig gute internationale Küche serviert.

Wir wenden uns nun nach rechts und folgen dem Radwegweiser nach **Dießen am Ammersee.** Bis zum Start- und Zielpunkt sind es nur noch 7 Kilometer. Der Bahndamm ist dabei unser ständiger Begleiter. Lediglich im Pfarrdorf **Riederau** gehen wir via **Seeweg-Süd** auf etwas Abstand. Dafür rollen wir in Ufernähe des Ammersees entlang. Unmittelbar nach dem Bahnhof legen wir neben dem runden **Seepavillon Riederau,** der sich auf dem Freizeitgelände mit Badestelle befindet, einen kurzen Zwischenstopp ein – direkt am Wasser, an einer Wiese mit mehreren Ruhebänken. Die Wasseroberfläche ist spiegelglatt, kein Lüftchen weht, sodass die Segelboote vor uns nicht von der Stelle zu kommen scheinen. Gegenüber, am Ostufer, überragt Kloster Andechs den bewaldeten Hügelrücken und streckt seinen Kirchturm himmelwärts. Einen Steinwurf entfernt tummeln sich einige Badefreunde auf einem Steg, der sie über eine Leiter sicher ins Wasser bringt. Und von Süden her lacht uns erneut die Alpenkette an. Ein wirklich schönes Fleckchen Erde.

Weiter geht's, dem Wegweiser folgend, Richtung Dießen. Kurz danach passieren wir das **Seehaus Riederau am Ammersee (10),** das wir wärmstens empfehlen. Allein zum Ambiente der Location will unsere Radlermontur nicht recht passen, auf einen Kaffee und einen Kuchen einzukehren, wäre hingegen in Ordnung.

2 Kilometer nach dieser besonderen kulinarischen Adresse passieren wir im Weiler **Lachen** die Kirche **St. Alban (11),** die im Kern um 1480 entstand und im 18. Jahrhundert dem Zeitgeist entsprechend barockisiert wurde. Augenfällig ist sie allemal.

Ein wenig später überqueren wir die Gleise des Bahnhofsbereichs von Dießen und biegen danach links auf die **Windermerestraße** ein, auf der wir den Parkplatz am Bahnhof und um die Ecke die Bahnhofstraße erreichen. Schön war's. Vor allem den Königs- und Kaiserblick, wie wir es nennen, nehmen wir neben vielen anderen Eindrücken mit.

Blick vom Radweg auf den See

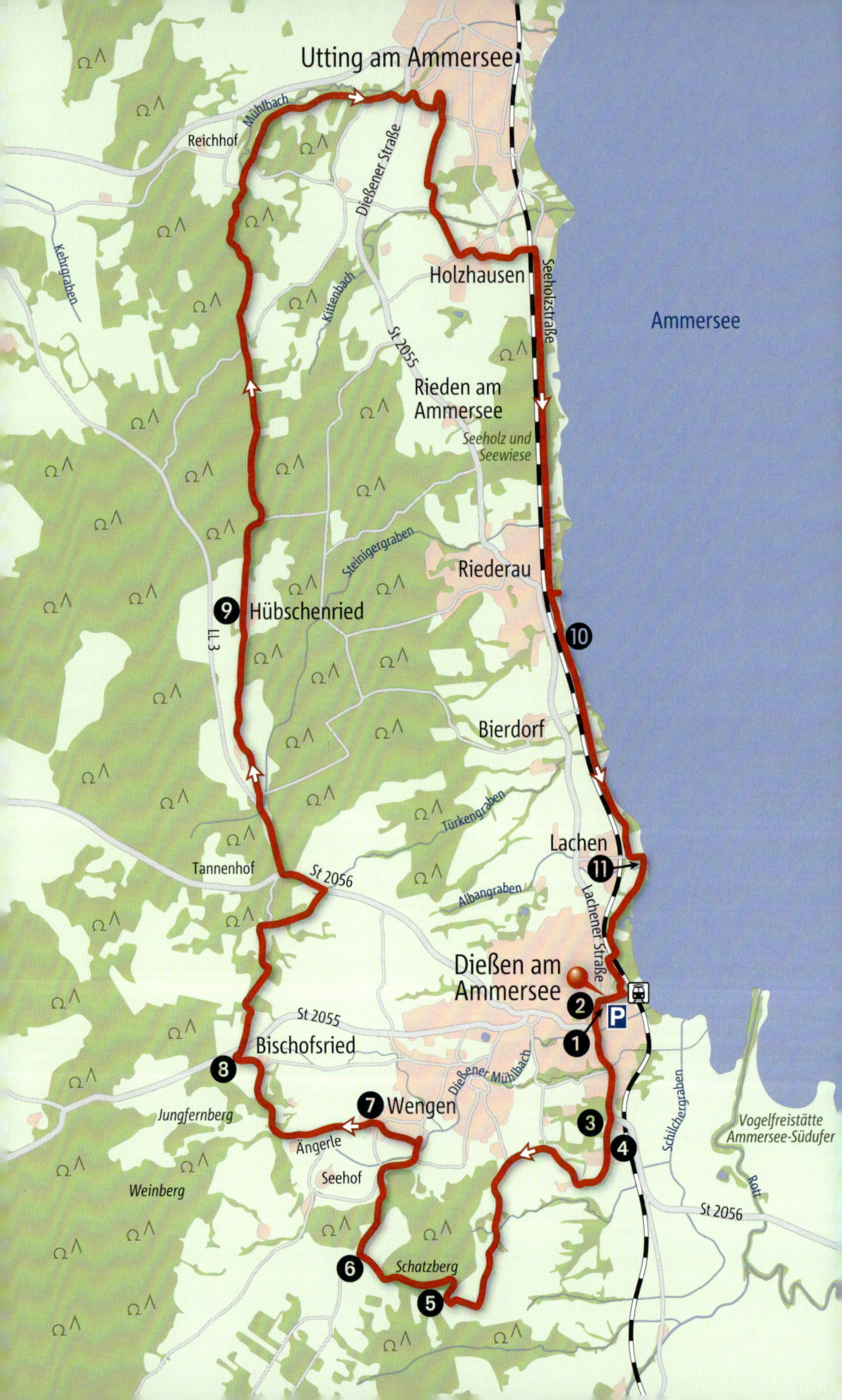

Utting am Ammersee
Mühlbach
Reichhof
Dießener Straße
Kehrgraben
Holzhausen
Seeholzstraße
Ammersee
Kittenbach
St 2055
Rieden am Ammersee
Seeholz und Seewiese
Steinigergraben
Riederau
9
Hübschenried
LL3
10
Bierdorf
Türkengraben
Lachen
11
Tannenhof
St 2056
Albangraben
Lachener Straße
Dießen am Ammersee
2
P
1
St 2055
Bischofsried
8
Dießener Mühlbach
7
Wengen
Jungfernberg
3
4
Schilchergraben
Vogelfreistätte Ammersee-Südufer
Ängerle
Seehof
Rott
St 2056
Weinberg
6
Schatzberg
5

Alles auf einen Blick

WIE & WANN:
Asphaltierte Straßen und Nebenstraßen, Rad-, Schotter-, Wiesen-, Wirtschafts- und Forstwege; ideal April bis Mitte Oktober.

HIN & WEG:
Auto: Parken in der Bahnhofstraße, 86911 Dießen am Ammersee
(GPS: 47.950488, 11.105275) bzw. Parkplatz am Bahnhof, Windermerestraße,
86911 Dießen am Ammersee
(GPS: 47.951211, 11.106676)
ÖPNV: RB 67 bis Bahnhof Dießen

ESSEN & ENTSPANNEN:
Verkaufshütte Seekuhhof ❹ Vogelherdstraße 6, 86911 Dießen am Ammersee,
www.seekuhhof.de
Gastwirtschaft Schatzbergalm ❺ Ziegelstadel 11, 86911 Dießen am Ammersee,
Tel. (0 88 07) 67 80, www.schatzbergalm.de
Seehaus Riederau am Ammersee ❿ Seeweg-Süd 22, 86911 Dießen am Ammersee-Riederau, Tel. (0 88 07) 73 00, www.seehaus.de

ENTDECKEN & ERLEBEN:
Kapelle St. Joseph ❶
Satteldachbau ❷
Schacky-Park ❸ Vogelherdstraße 5, 86911 Dießen am Ammersee,
www.schacky-park.de
Königsbank ❻
Kapelle St. Leonhard ❼
Ruhebank mit Panoramablick ❽
Streuobstwiese ❾
St. Alban ⓫

Entspannung ✸✸✸✸✸
Genuss ✸✸✸✸✸
Romantik ✸✸✸✸✸

Die GPS-Daten zu jeder Tour gibt es auf
www.droste-verlag.de

© 2023 Droste Verlag GmbH, Düsseldorf
Konzeption: Droste Verlag, Düsseldorf
Einbandgestaltung: Britta Rungwerth, Düsseldorf, unter Verwendung von Bildern von © Fotolia.com: Andrey Kuzmin, undrey, dabost, niroworld; © Andrea und Harald Hesse
Fotos: Harald Hesse
Textlektorat: Bernhard Edlmann, Raubling
Karten: Thorsten David, Bochum
Druck und Bindung: LUC GmbH, Greven

Alle Angaben in diesem Buch wurden sorgfältig recherchiert und geprüft. Für die Richtigkeit der Angaben, für etwaige Unfälle und Schäden jeglicher Art kann keine Haftung übernommen werden; die Nutzung erfolgt auf eigenes Risiko. Abweichungen, die nach Redaktionsschluss erfolgten, konnten im Buch nicht mehr berücksichtigt werden. Hinweise und Änderungen nehmen wir gern entgegen.

FSC www.fsc.org MIX Papier aus verantwortungsvollen Quellen FSC® C011279

ISBN 978-3-7700-2342-4
www.droste-verlag.de